ISBN-13: 978-1517140106

ISBN-10: 1517140102

MANUAL DE PHOTOSHOP
Nivel básico

Miguel D'Addario

Segunda edición

CE

2015

Indice

PHOTOSHOP Primera parte

Introducción a Photoshop

Photoshop es un programa de diseño gráfico, que quizá es el programa más completo que existe hoy en día en el mercado. Pese a que a simple vista, puede ser un programa un poco complejo a nivel de usuario, si siguen las siguientes pautas mínimas, se facilitará mucho la compresión del mismo.

- Leer detenidamente el manual.

- Iniciar Photoshop y cargar una imagen cualquiera.

- Empezar por las herramientas, ir probando una por una hasta tener clara su utilidad.

- Echar un vistazo a las teclas rápidas del teclado.

- Familiarizarse con las paletas flotantes.

- Menús desplegables, igual que con las herramientas ves probando uno por uno todos sus comandos.

Herramientas y paletas

Hay más de 40 herramientas en la paleta herramientas:

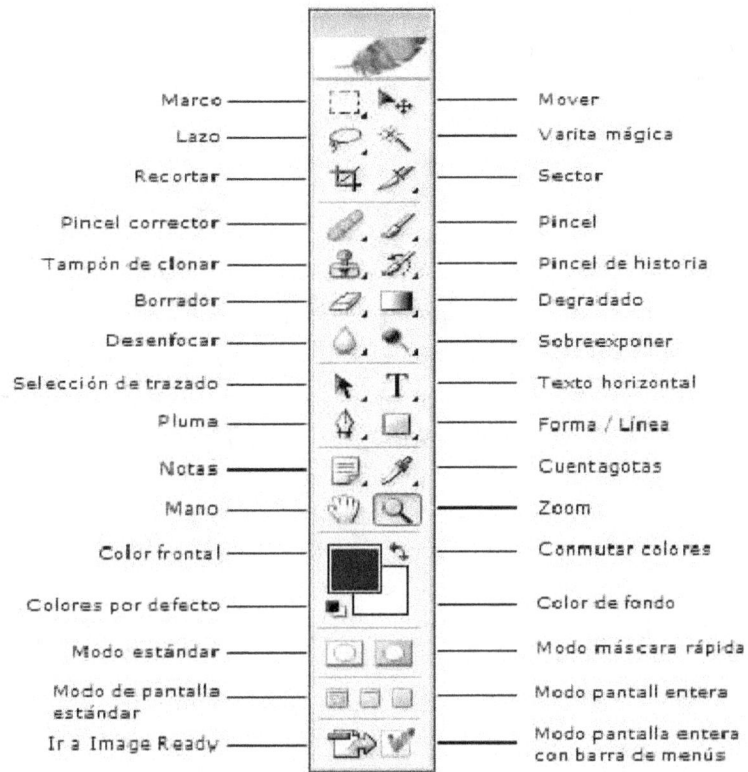

Marco	Mover
Lazo	Varita mágica
Recortar	Sector
Pincel corrector	Pincel
Tampón de clonar	Pincel de historia
Borrador	Degradado
Desenfocar	Sobreexponer
Selección de trazado	Texto horizontal
Pluma	Forma / Línea
Notas	Cuentagotas
Mano	Zoom
Color frontal	Conmutar colores
Colores por defecto	Color de fondo
Modo estándar	Modo máscara rápida
Modo de pantalla estándar	Modo pantall entera
Ir a Image Ready	Modo pantalla entera con barra de menús

La mayor parte de las herramientas tienen asociados sus propios ajustes. Para acceder a estos ajustes lo podremos hacer por la barra de opciones que se sitúa en la parte superior de la pantalla cuando activamos la herramienta:

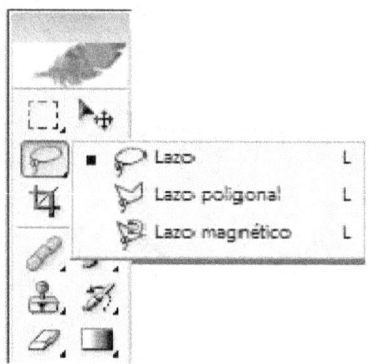

También muchas de las herramientas esconden otras herramientas en el mismo lugar. Sabremos que pueden existir otras herramientas si esta tiene una flecha en la parte inferior izquierda del botón. Para mostrar el resto de herramientas que se esconde sólo tendremos que mantener pulsado el clic del ratón unos segundos sobre dicha herramientas.

Navegación por un documento

La paleta navegador

Nos permite movernos rápidamente y ampliar y reducir la vista de la imagen. Un pequeño cuadrado rojo indica que área de la imagen es la visible actualmente. Arrastrando este cuadro por la imagen en miniatura del documento que aparece en la paleta, podemos hacer clic fuera del cuadrado rojo para que éste se centre en el cursor.

Hay varias formas de ampliar y reducir la vista del documento utilizando esta paleta. Con los iconos de montañas, se puede reducir y ampliar la vista en incrementos preestablecidos (50 por cien, 66,67 por cien, 100 por cien, etc) o arrastrar el regulador entre los iconos para utilizar cualquier ampliación. También es posible cambiar el número en la esquina inferior izquierda de la paleta para utilizar un porcentaje determinado.

La herramienta mano

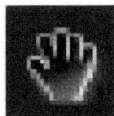

Servirá para movernos por la imagen, haciendo clic y arrastrando sobre ella

La herramienta zoom

Siempre que hacemos clic en una imagen con la herramienta zoom, ampliamos la vista hasta un nivel preestablecido. También podemos hacer clic y arrastrar en la zona que queremos ampliar y Photoshop aumenta inmediatamente el área específica.

Si queremos volver otra vez a encajar toda la imagen en pantalla de forma muy rápida podremos hacer doble clic en la herramienta mano. Si por el contrario hacemos doble clic en la herramienta zoom, la imagen se verá al 100%.

Para reducir la imagen en un tamaño deseado podemos clicar sobre ella manteniendo la tecla **Alt** pulsada.

En la barra de opciones de la herramienta zoom, podremos encontrar tres botones para tres vistas diferentes, predeterminadas.

- **Pixeles reales** – La imagen aumenta al tamaño real (Como hacer doble clic en la lupa)
- **Encajar en pantalla** – La imagen se adapta a nuestra ventana (Como hacer doble clic en la mano)
- **Tamaño de impresión** – Se muestra el tamaño en que se imprimiría la imagen.

| paletas | ☐ Ampliar/reducir vent. | Píxeles reales | Encajar en pantalla | Tamaño impresión |

Cuadro de diálogo selector de color

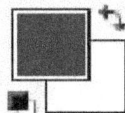

Cuando marquemos, sobre el color frontal o sobre el color de fondo, aparecerá el cuadro de diálogo selector de color:

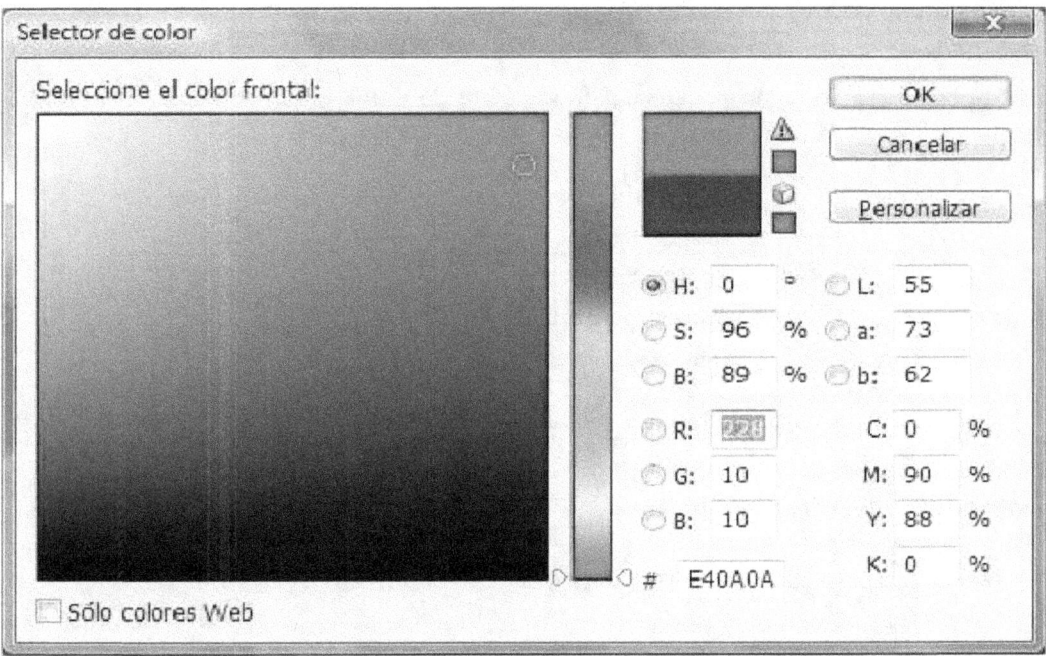

El triángulo de alerta indica que un color no es reproducible en modo CMYK. El símbolo del cubo indica que un color no es compatible con Web y puede aparecer tramado en un navegador.

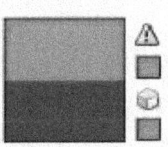

Los dos cuadros de colores que aparecen sobre el símbolo que indica que no es reproducible en CMYK o que no es compatible con Web, serán los colores más cercanos al escogido para web o para CMYK.

Si aunque escojamos un color queremos que se vea como quedaría una vez impreso podemos escoger el menú **Vista – Colores de prueba**. Eso cambiará el aspecto de todos los colores que aparecen en el selector, pero todavía tendremos que hacer clic en ese pequeño triángulo de alerta,

Si aunque escojamos un color queremos que se vea como quedaría una vez impreso podemos escoger el menú **Vista – Colores de prueba**. Eso cambiará el aspecto de todos los colores que aparecen en el selector, pero todavía tendremos que hacer clic en ese pequeño triángulo de alerta, pues se trata solo de una vista previa, en realidad no cambiamos los colores que se están seleccionando.

H → **Tono**
S → **Saturación**
B → **Brillo**

Son formas de visualizar los colores de la paleta.

Selección de colores personalizados

También podemos seleccionar el color desde la paleta de **color**, pudiendo escoger la forma en que se visualiza el color desde el propio menú de la paleta:

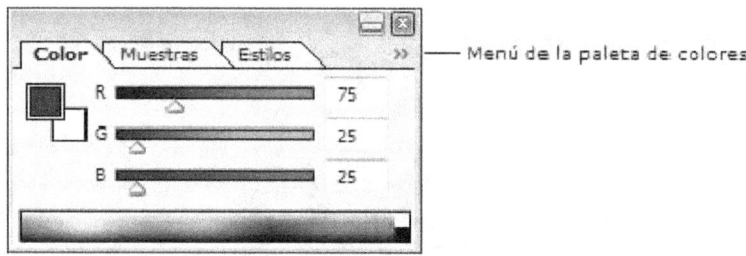
— Menú de la paleta de colores

Al hacerlo aparecerá el siguiente menú:

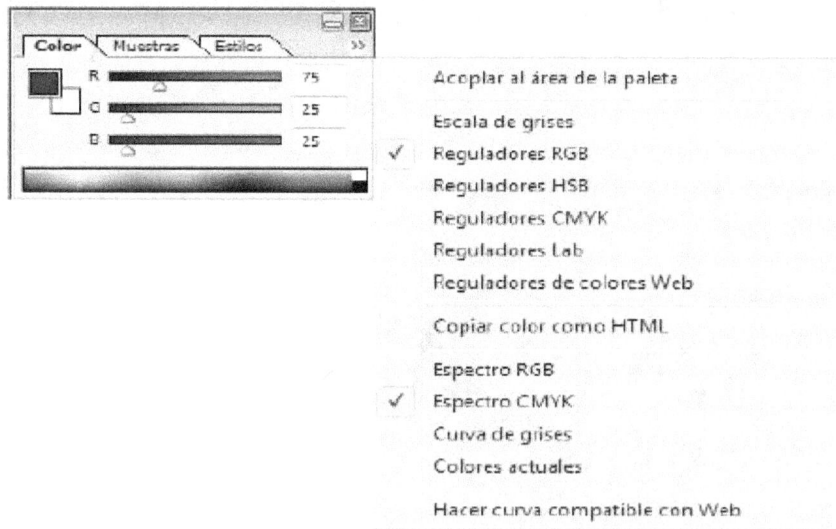

La opción copiar color como HTML del menú emergente de la paleta permite pegar el color elegido actualmente en un editor de HTML. El Código HTML se utiliza para crear una página web, emplea un método especial para definir los colores que se conoce como hexadecimal.

El cuentagotas

Sirve para escoger un color de cualquier zona del documento activo o algún documento abierto a la vista.

También si pulsamos el cuentagotas y hacemos clic en cualquier parte del documento y después arrastramos el ratón podremos coger cualquier color de cualquier ventana de Windows que tengamos a la vista en ese momento.

También podremos cambiar el tamaño de muestra en la barra Opciones para cambiar cómo se ve el área en la que hacemos clic.

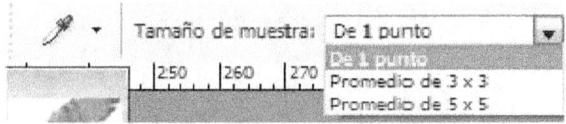

De 1 punto

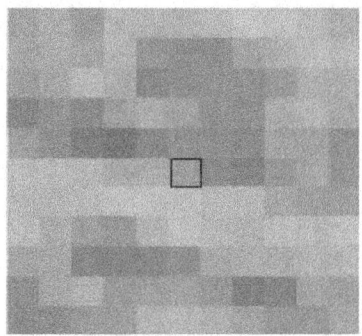

Promedio de 3 x 3: Promedia el área de alrededor del cursor utilizando un área de tres píxeles de ancho y tres píxeles de alto.

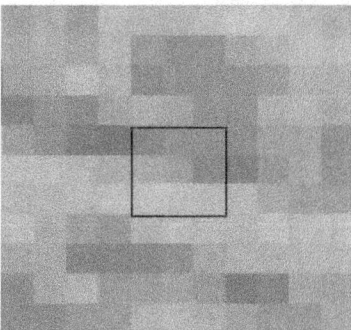

Promedio de 5 x 5: Igual que el promedio 3 x 3 pero con un área más grande.

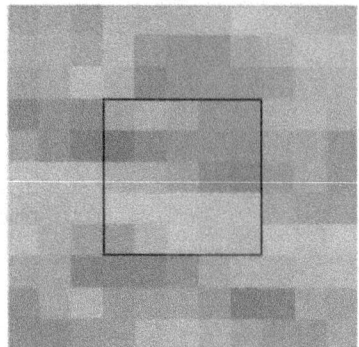

La paleta de muestras

Nos servirá para trabajar con los colores que habitualmente estamos utilizando en la imagen.

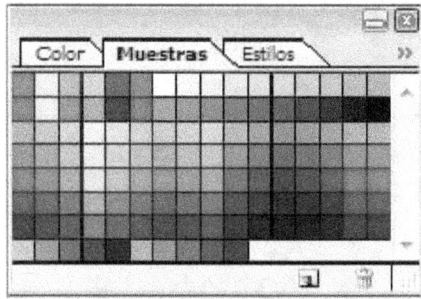

Para guardar en la paleta muestras, uno de los colores utilizados como frontal solo hará falta pulsar el icono de la parte inferior derecha de esta paleta:

O también, simplemente, hacer clic en el espacio abierto debajo de las muestras, Photoshop pedirá un nombre para la muestra.

Podremos restablecer los ajustes predeterminados de las muestras, seleccionando **Restaurar muestras** en el menú lateral emergente de la paleta.

Asimismo podremos **guardar muestras** con la opción de este nombre del menú lateral emergente de la paleta **muestras**.

Herramientas Pincel y Lápiz

Son herramientas de pintado, la única diferencia entre las dos es que el Pincel siempre produce una pincelada de bordes suaves, mientras que el lápiz siempre deja un trazo de borde acusado.

El menú emergente Modo de la barra de opciones se conoce como el menú de **Modo de fusión**. Si queremos cambiar el color básico de un objeto, podemos establecer el modo de fusión a **Tono**. Si estamos utilizando el pincel con bordes difusos, podemos emplear el modo de fusión **Disolver** para hacer que los bordes del pincel sean difusos.

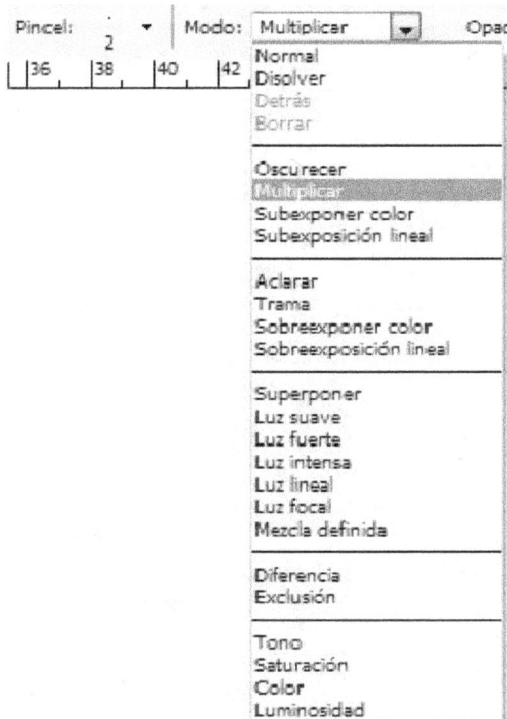

A parte de las opciones de pinceles que tenemos cuando seleccionamos esta herramienta en el cuadro de herramientas, disponemos de un panel más completo.

Si queremos podríamos crear pinceles, seleccionando un área del documento y a continuación **Edición – Definir valor de pincel**. A continuación se nos pedirá un nombre para añadirlo en la paleta de pinceles.

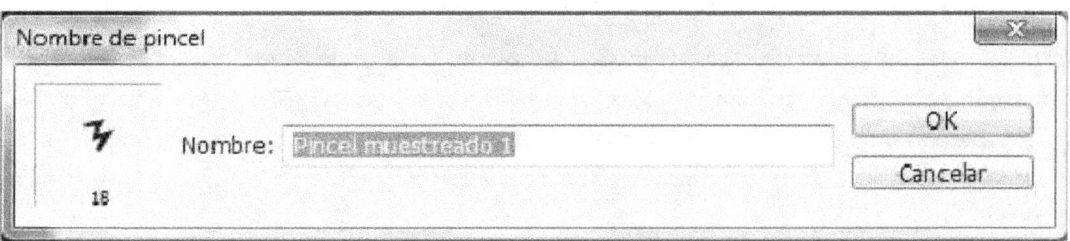

Opciones de la paleta pinceles

Pulsando en el botón de opciones de pincel o bien sobre la pestaña pinceles de la parte superior derecha de la ventana,

Aparecerá la paleta de pinceles

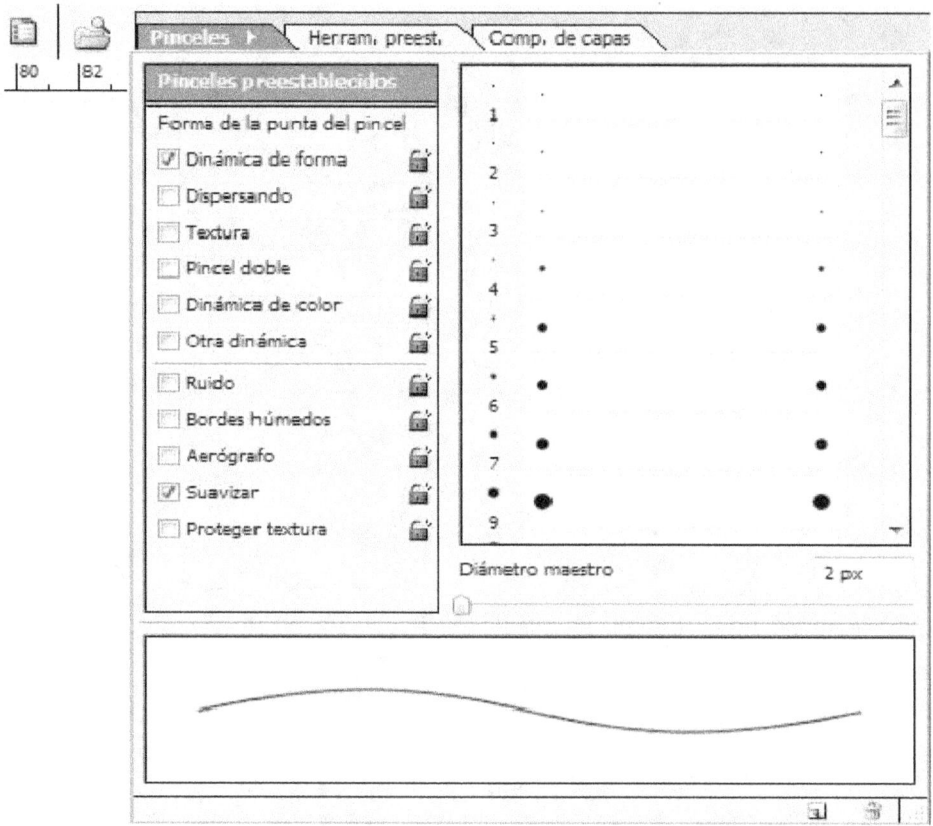

En todas las opciones de **control** de los diferentes apartados, donde encontraremos las opciones **Presión de la pluma, inclinación de la pluma** y **Rotativo de Stylus**, provocará que la variación esté determinada por la entrada de datos de una **tableta gráfica**.

Forma de la punta del pincel

Diámetro – Determina el tamaño del pincel. Se puede utilizar un valor entre 1 y 2500 píxeles. El botón **Usar tamaño de muestra** aparecerá siempre que utilicemos un Pincel muestreado que haya sido hecho más grande o más pequeño que el original. Cuando hagamos clic en este botón, Photoshop reestablecerá el ajuste diámetro original del pincel muestreado, produciendo así la mejor calidad.

Dureza – Determina lo rápidamente que se desvanece el borde. Los pinceles predeterminados tienen una dureza del 100% o del 0%. Esta opción solo está disponible sobre pinceles circulares.

Redondez – Comprime un pincel en una dimensión. Cuando se utilizan pinceles circulares, los cambios en la redondez producirán un pincel de forma ovalada. Cuando se trabaja con pinceles muestreados, este ajuste comprimirá el pincel verticalmente.ç

Ángulo – Hace girar los pinceles ovalados y muestreados, pero no tiene ningún efecto en los pinceles circulares.

Espaciado – Determina la distancia entre las manchas de pintura que constituyen una pincelada. Desactivar el espaciado provocará que Photoshop ajuste el espacio basándose en lo rápido que movamos el ratón al pintar.

Dinámicas de forma

Cambiarán la forma del pincel elegido. Fundamentalmente, permiten variar los mismos ajustes específicos en la sección forma de la punta del pincel de la paleta **Pinceles**.

Dispersando

Provoca que Photoshop varíe la posición de las manchas de tinta que constituyen la pincelada. El ajuste Cantidad permite variar el número de manchas de tinta que se aplican dentro del intervalo específico en el área Forma de punta de pincel en la paleta **Pinceles**.

Textura

Permiten variar la opacidad del pincel basándose en una textura específica. La variación de la profundidad permite que Photoshop aplique la textura en cantidades variables. Debe estar activada la casilla **Aplicar textura a cada punta** para poder utilizar el ajuste **Variación de la profundidad**.

Pincel doble

Permite crear una pincelada hecha con dos pinceles a la vez

Dinámica del color

Permite variar el color del pincel a lo largo de la pincelada. Con el ajuste **variación frontal/de fondo** Photoshop varía el color del pincel entre los dos colores utilizados como frontal y fondo. El ajuste **Variación de todo** hace que cambie el color básico del pincel entre colores aleatorios. Cuanto mayor sea el ajuste, más distintos serán los colores. El ajuste **Variación de la saturación** varía la intensidad del color con el que se está pintando. **Variación del brillo**, permite que oscurezca aleatoriamente el color con el que estamos pintando. **Pureza**, permite cambiar la saturación del color con el que estamos pintando. El valor cero no produce ningún cambio, mientras que con valores negativos disminuimos la saturación y con valores positivos la aumentamos.

Otra dinámica

Varía la opacidad o el flujo según vamos pintando pero sin sobrepasar nunca los valores introducidos en la barra opciones.

Herramienta bote de pintura

Barra de opciones de la herramienta **Bote de pintura**:

Rellenar: Color frontal Motivos Modo: Normal Opacid.: 100% Tolerancia: 32 ☑ Suavizado ☑ Contiguo ☐ Todas capas

Se utiliza para rellenar con el color frontal un área. Cada vez que se hace clic en la imagen se rellenan áreas que contienen colores similares a aquél en el que se ha hecho clic.

Se puede cambiar la sensibilidad que debe tener la herramienta con el ajuste **Tolerancia**. Los ajustes de **Tolerancia** altos rellenarán un rango mayor de colores.

La opción **Contiguo** de la barra de ajustes permite que solo se rellenen colores que se parecen que estén tocando donde hemos hecho clic, si la desactivamos rellenará todo el documento con colores que tengan su parecido donde hemos hecho clic.

Herramientas de forma

Las herramientas de forma también crean trazados, pero en este caso basados en formas geométricamente definidas. A pesar de estar englobadas en el grupo de herramientas de dibujo, las herramientas de formas tienen una utilidad, llamada 'zona rellena', que les permite pintar una forma sin crear un contorno. Puedes seleccionar esta utilidad en la barra de opciones.

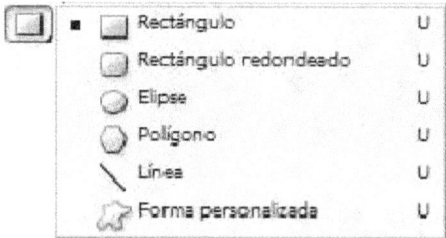

Una vez seleccionada la herramienta de forma, podemos cambiar entre ellas directamente desde la barra de opciones de herramientas:

Las herramientas Rectángulo, Rectángulo redondeado, Elipse, Línea y Forma personalizada funcionan del mismo modo. El clic sobre el tapiz determinará la esquina superior izquierda de la forma, y tras arrastrar el ratón, la esquina inferior derecha se emplazará en el lugar donde soltemos el botón.

La herramienta Polígono toma el primer clic como centro de la forma y el fin del arrastre como el tamaño de su radio.

La opción **Forma** de la barra de herramientas cuando tenemos seleccionada la herramienta **Forma personalizada**, será muy completa, desde esta podremos escoger la forma necesaria desde una lista predefinida:

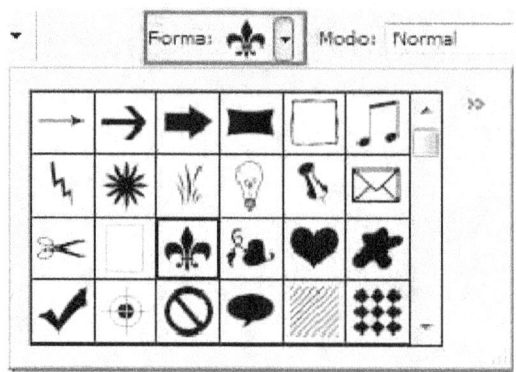

Desde el botón

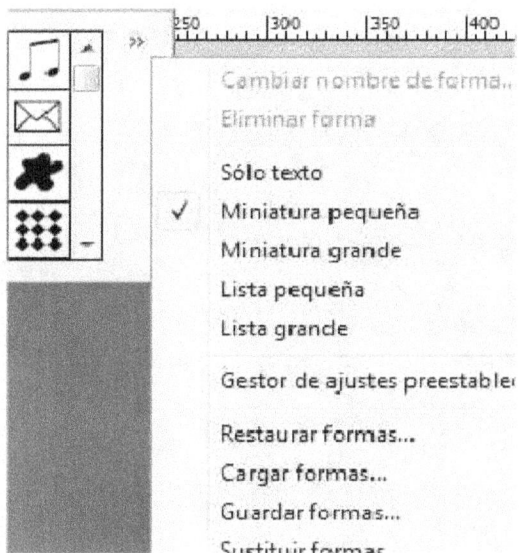

Podremos escoger una serie de opciones de forma:

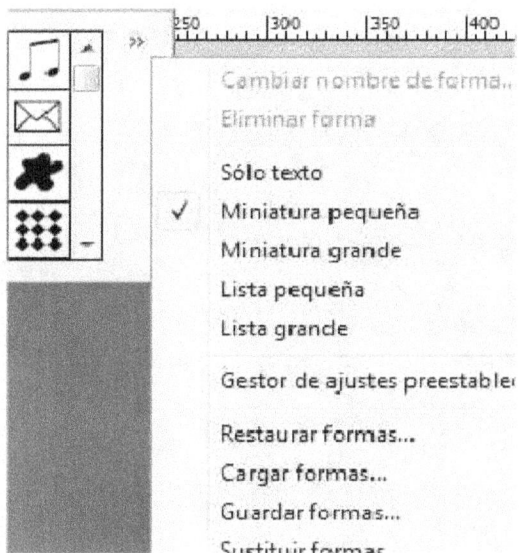

Desde el mismo botón también podríamos escoger diferentes formas que dispone Photoshop como predefinidas entre uno de estos grupos:

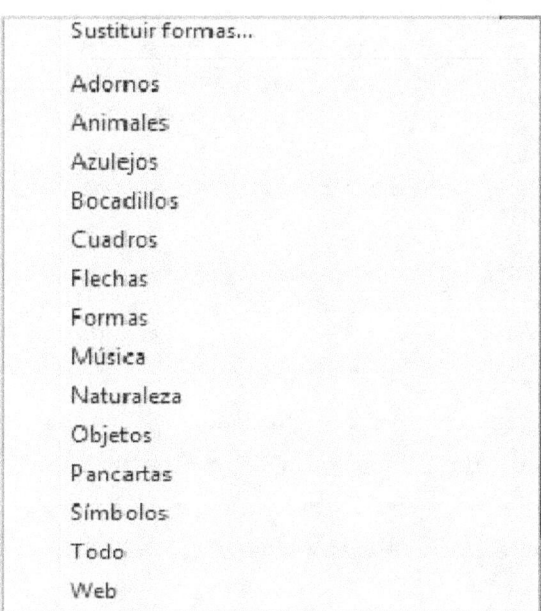

Herramienta degradado

Esta herramienta se encuentra en el mismo lugar que el bote de pintura.

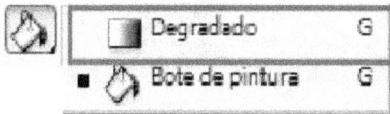

Obtendremos distintos degradados dependiendo del tipo de degradado elegido en la barra de opciones, cuando escojamos esta herramienta:

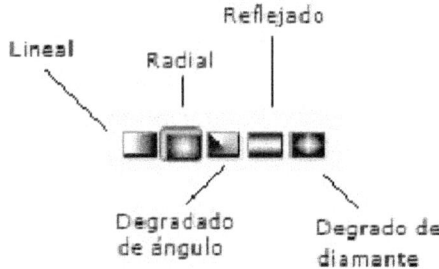

Lineal → Aplica el degradado a lo largo de la longitud de la línea trazada con el cursor. Si la línea no atraviesa toda la imagen, Photoshop rellena el resto de la imagen con color sólido.

Radial → Crea un degradado que empieza en el centro de un círculo y se extiende hacia el borde externo. El punto en el que se hace el primer clic determina el centro del círculo; cuando se suelta el botón del ratón queda determinado el borde externo del círculo. Las áreas que quedan fuera del círculo se rellenan con un color sólido.

Degradado de ángulo → Realiza un barrido circular como la pantalla de un radar, el primer clic determina el centro del barrido después el arrastre determina el ángulo inicial.

Reflejado → Crea un efecto similar a aplicar un degradado lineal dos veces, como si se tratara de un espejo.

Degradado de diamante → Similar al degradado radial excepto en que se extiende desde un cuadrado central.

Cuando se imprime una imagen que contiene un degradado, en ocasiones, aparece un efecto de bandas a lo largo del degradado (también conocido como pasterización). Para minimizar este efecto, hay que activar la casilla de verificación **Tramado** en la barra de opciones. Esto añadirá ruido al degradado intentando impedir la aparición de bandas.

Si se quieren crear otros tipos de degradado de los que aporta Photoshop, podemos hacer clic directamente en la vista previa de la barra de opciones de degradado.

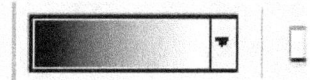

Aparecerá el siguiente cuadro que nos permitirá crear un degradado personalizado.

Selección

¿Qué es una selección?

Antes de poder editar una imagen, primero hay que seleccionar el área en la que se quiere trabajar. La gente que se dedica a pintar coches para ganarse la vida hace "selecciones" muy parecidas a las que se utilizan en Photoshop. Si alguna vez lo hemos visto, veremos que los pintores ponen con mucho cuidado cinta adhesiva y papel sobre las zonas que no quieren pintar (como ventanillas, neumáticos, etc), de esa forma pueden pintar tranquilamente con spray el coche entero sabiendo que las áreas tapadas están protegidas. En su nivel más básico, una selección en Photoshop funciona del mismo modo.

Cuando seleccionamos un área utilizando una de las herramientas de selección Photoshop (Marco rectangular, lazo, varita mágica, etc), el borde de la selección se aparece mucho a una fila de hormigas caminantes. Una vez hecha la selección, podemos mover, copiar, pintar o aplicar numerosos efectos especiales al área seleccionada.

Existen dos tipos de selecciones en Photoshop: la selección normal y la selección calada. Una selección normal tiene un borde definido, en el que se ve perfectamente dónde empieza y acaba el efecto. Por otra parte, las selecciones caladas difuminan el efecto lentamente una vez fuera del borde. Esto permite que los filtros se fusionen sin solución de continuidad con la imagen, sin provocar la aparición de transiciones visibles. Una selección precisa marca la diferencia cuando se está retocando una imagen en Photoshop.

Herramientas de selección fundamentales

Marco, Lazo, Varita mágica y Máscara de texto son los elementos indispensables en la caja de herramientas de selección, los que más se utilizarán a diario.

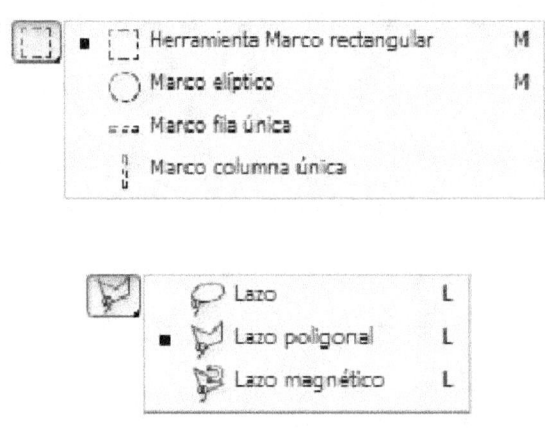

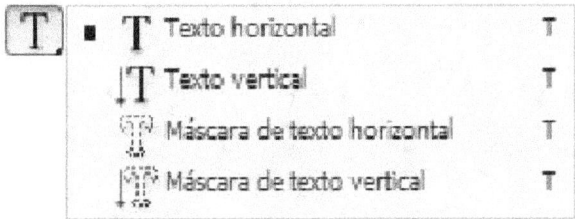

T	▪ T Texto horizontal	T
	↓T Texto vertical	T
	Máscara de texto horizontal	T
	Máscara de texto vertical	T

Marco rectangular

Solo podremos seleccionar con ella formas rectangulares. Para hacerlo clicaremos y arrastraremos sobre el documento hasta rodear el área a seleccionar.

Si deseamos un cuadrado mantendremos la tecla **Mayús** pulsada.

Marco elíptico

Funciona del mismo modo que la anterior pero creando una elipse.

Marco fila única y marco columna única

Estas herramientas están limitadas a seleccionar una fila de un píxel de anchura o una columna de un píxel de altura. No se utilizan demasiado.

Herramienta Recortar

Permite aislar cierta zona de la imagen. Utilizando esta herramienta es posible recortar una imagen y reescalarla y rotarla al mismo tiempo.

Existe otra opción para recortar y enderezar fotografías escaneadas para evitar que lo tengamos que hacer manualmente con la herramienta recortar. Esta podemos utilizarla normalmente cuando hayamos escaneado varias fotografías a la vez.

Archivo – Automatizar – Recortar y enderezar fotografías

Para acabar de pulir el recorte y por si ha quedado alguna zona blanca en el exterior de la imagen, podríamos crear una selección con marco rectangular de tamaño fijo, con el mismo tamaño de la imagen pero con unos 5 pixeles menos aproximadamente y a continuación cortar esa selección a través del menú:

Imagen – Recortar

Herramienta Lazo

Es la más versátil entre las herramientas de selección básicas. Manteniendo pulsado el botón del ratón, se puede utilizar el Lazo para seleccionar el borde de un objeto de forma irregular. Al soltar el botón del ratón, el área queda seleccionada. Es necesario crear una forma cerrada finalizando la selección en el mismo punto en que empezó; en caso contrario, Photoshop completa la selección añadiendo una línea recta entre el punto inicial y el punto final de la selección.

Herramienta Lazo poligonal

Con esta herramienta solo hay que hacer clic en distintos puntos de la imagen y Photoshop se ocupa de conectar los puntos entre sí. Para finalizar la selección, se hace clic en el punto en el que se comenzó la selección o doble clic en cualquier lugar de la imagen para crear una línea recta entre el punto donde se hizo doble clic y el punto inicial de la selección.

Herramienta Lazo magnético

Esta herramienta puede ahorrar mucho tiempo, ya que permite seleccionar el borde de un objeto sin tener que ser excesivamente preciso. No es necesario romperse la cabeza para hacer todos esos pequeños movimiento con el ratón. En lugar de esto, basta con una selección aproximada para que la herramienta lazo magnético se ocupe de ajustar dicha selección.

En su barra de opciones, podemos establecer los ajustes para esta herramienta:

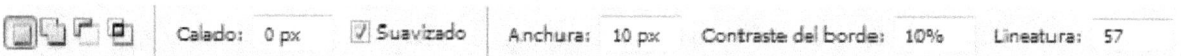

Contraste del borde → Es el más importante de la barra. Determina cuánto contraste debe haber entre el objeto y el fondo para que Photoshop seleccione el objeto. Si el objeto que intentamos seleccionar tiene bordes bien definidos tendremos que utilizar un ajuste algo y ser muy precisos al arrastrar.

Una vez obtenida una forma satisfactoria, terminamos la selección pulsando **intro**, o haciendo doble clic. Recordemos que si no creamos una forma cerrada, Photoshop la completará con un línea recta.

Si alguna vez la selección no está saliendo como deseamos, para salir de este intento de selección podremos pulsar la tecla **Esc** para cancelar el proceso de selección y empezar de nuevo.

Herramienta Varita mágica

Es muy buena para la selección de áreas de color sólido o áreas de un color muy parecido, para variar la cantidad de matices que se quieren seleccionar utilizando esta herramienta cambiaremos la tolerancia a través de la barra opciones de la misma. Cuanto más alta sea esta tolerancia, el área seleccionada será mayor.

Herramientas de selección de texto

Se puede emplear la herramienta Texto en Photoshop para crear una selección eligiendo la herramienta **Máscara de texto**, que se encuentra oculta bajo la herramienta **Texto** en la paleta **Herramientas**.

Cuando se utiliza esta herramienta, Photoshop muestra una vista previa de la selección (con una capa roja superpuesta sobre la imagen) mientras se edita el texto y produce una selección al pulsar **Intro** o al cambiar de herramienta.

Añadir a una selección o quitar una parte de la selección

Para añadir una selección a otra existente, mantendremos pulsada la tecla **Mayús**.

Si por el contrario lo que queremos es quitar una parte de la selección realizada, mantendremos pulsada la tecla **Alt**.

Menú selección

Invertir una selección

En alguna ocasión será mucho más rápido seleccionar un fondo de una imagen y a continuación invertir la selección para seleccionar una persona por ejemplo, para ello seleccionaremos por ejemplo el fondo utilizando la **varita mágica** y a continuación desde el menú **Selección** escogeremos la opción **Invertir**.

Seleccionar todo

El comando **Todo** del menú **Selección**, seleccionará todo el documento completo.

Deseleccionar

Si ya se ha terminado de utilizar una selección y se quiere trabajar con la imagen completa, elegiremos **Deseleccionar** del menú **Selección** o la combinación de teclas **Ctrl + D**.

Calar

El comando **Calar** del menú **Selección**, nos permite el calado de las selecciones que se explicó con anterioridad, introduciendo el número de píxeles en que se quiere calar esta selección.

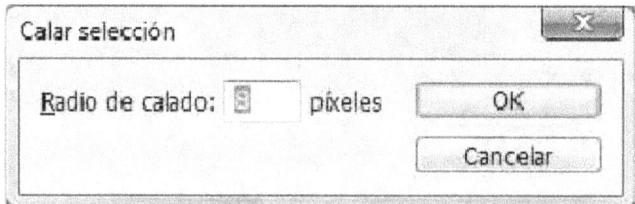

Transformar selecciones

Después de hacer una selección, podemos escalarla, rotarla o distorsionarla eligiendo el comando **Transformar selección** del menú **selección**.

Modo máscara rápida

El modo máscara rápida puede mostrar cuál es el verdadero aspecto de una selección calada y también puede ayudar a crear selecciones básicas. El icono de máscara rápida se encuentra justo debajo del color frontal y de fondo en la paleta **Herramientas**. En este modo se muestran las selecciones como huecos en una capa semitransparente.

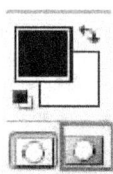

En este modo se utilizarán las herramientas de pintura (Lápiz, pincel, degradado) para seleccionar partes de la imagen, teniendo en cuenta que con el color negro, quitamos selección y con el blanco se añade selección. Si por el contrario lo que utilizamos es un gris del 50%, lo que conseguimos es una selección difuminada del área sobre la que hemos pintado.

Este gris lo podremos escoger desde la paleta color, que cuando nos encontramos en la máscara rápida solo muestra una barra con tanto por ciento de blanco a negro que podemos utilizar.

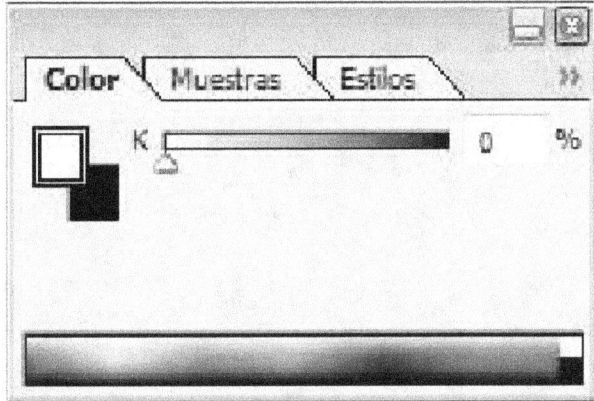

Las capas

Las capas actúan como si fueran documentos separados apilados uno encima de otro. Poniendo cada imagen en su propia capa, podemos cambiar libremente la apariencia y el diseño de un documento sin aplicar de verdad los cambios. Si pintamos, aplicamos un filtro o hacemos un ajuste, solo afecta a la capa en la que estamos trabajando. Si tenemos problemas con alguna capa especialmente problemática, podemos deshacernos de ella y empezar de nuevo. El resto del documento seguirá intacto.

La paleta de las capas tiene el siguiente aspecto:

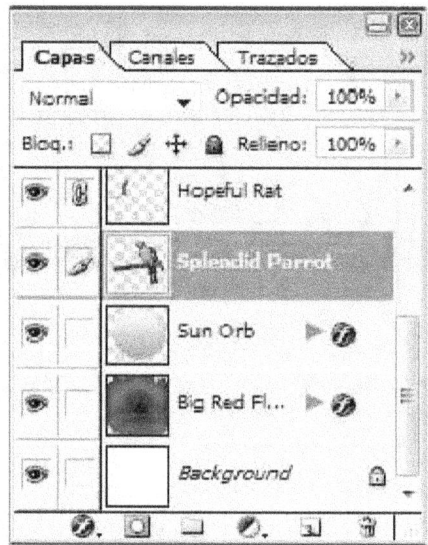

Los botones situados debajo de la paleta capas son:

- Acceso a los estilos de capa

- Añadir una máscara de capa

- Crear un conjunto nuevo de capas (Como si fuera una carpeta)

- Crear una nueva capa de ajuste

- Crear una nueva capa

- Eliminar capa actual

Sólo es posible editar una capa por turno. La capa en la que se trabaja está resaltada en la paleta capas de otro color (normalmente azul). También tiene que haber un pequeño pincel al lado del nombre.

Para cambiar de capa únicamente haremos clic encima de su nombre

El orden de las capas lo podremos cambiar simplemente arrastrando el nombre de la capa a otra posición, por encima o por debajo de donde se encuentra. La capa que se encuentra arriba del todo es la que está encima del bloque.

Si tenemos una capa llamada fondo y está bloqueada no podremos colocar ninguna capa por debajo de ella.

Para cambiar el nombre a una capa podremos hacer doble clic encima de su nombre.

El icono del ojo de la capa permite saber si la capa se está visualizando en ese momento, si desactivamos el ojo haciendo un clic, veremos que la capa deja de verse.

Como copiar de un documento a otro

Podemos hacerlo utilizando las típicas herramientas de **Cortar – Copiar** y **Pegar** o bien simplemente arrastrando con la herramienta **mover** activa, la imagen seleccionada de un documento a otro.

Cuando arrastramos capas de un documento a otro, puede parece en ocasiones que no solo se está copiando la capa, sino que además está cambiando de tamaño. Esto no es lo que sucede en realidad. Lo que pasa es que las dos imágenes tienen niveles de resolución distintos.

Transformación de capas o de elementos seleccionados de una capa

Lo haremos con las opciones de **Edición – Transformar**

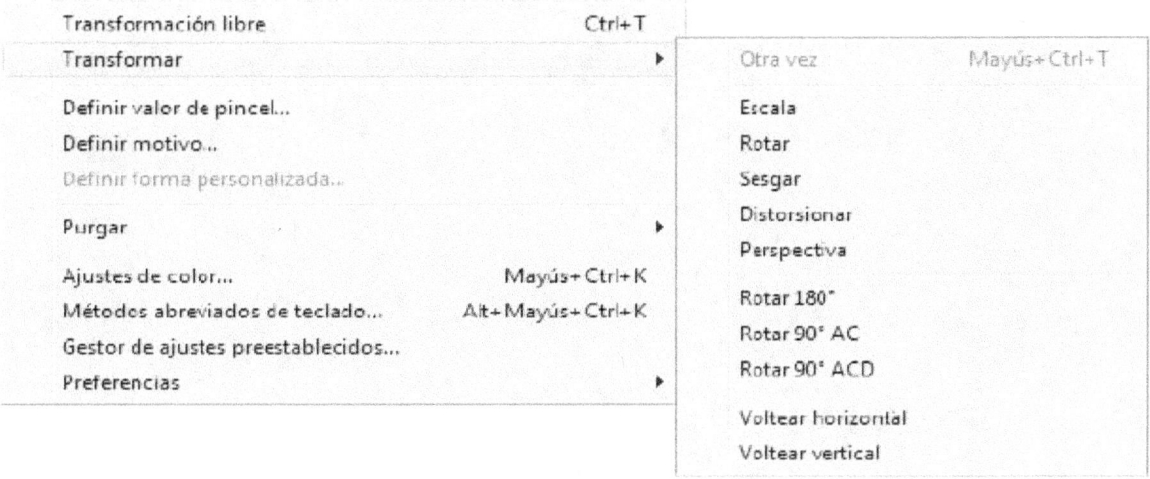

Cuando hayamos realizado la transformación que queramos tendremos que hacer doble clic sobre ella para que la acepte o pulsar la tecla **Intro**. También podremos cancelar con la tecla **Esc** si no es la transformación que deseábamos.

Bloquear

Los iconos que hay en la parte superior de la paleta **Capas** permiten bloquear la transparencia, la imagen y la posición de una capa individual. Una vez ha sido bloqueada los cambios que se pueden efectuar sobre esa capa están limitados.

- ▨ Bloquear píxeles transparentes

- ✎ Bloquear píxeles de imagen

- ⊕ Bloquear posición

- 🔒 Bloquear todo

Estilos de capa

Se accederá desde el menú **Capa** – **Estilo de capa** o bien también podremos hacer los mismo con el menú emergente de debajo de la paleta capas, que tiene el símbolo:

O también haciendo doble clic sobre una parte de la capa que no esté cubierta por el nombre.

Los estilos de capa crean en un solo paso los mismos resultados que normalmente necesitarían varias capas y un montón de memoria.

Cuando se haya aplicado un Estilo de capa veremos que aparece en la paleta **capas** un circulito negro con una "f" pequeñita en el lugar correspondiente a esa capa. Ésta es la única indicación de que se ha aplicado un estilo. Además aparece una flecha justo antes,

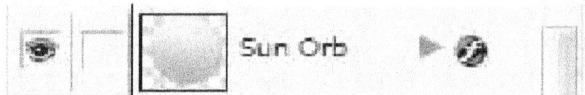

que cuando la clicamos nos deja ver los estilos de capa aplicados.

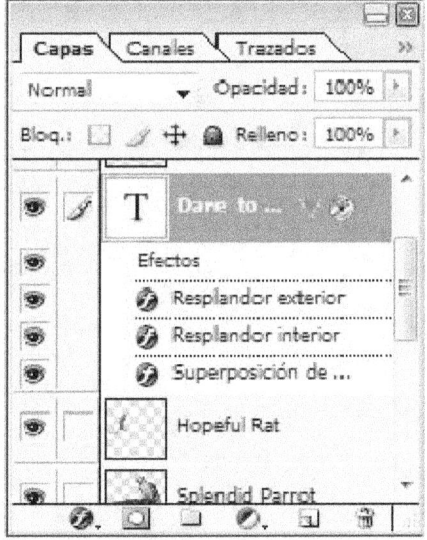

Si un estilo lo arrastramos a otra capa, se copiará en la misma.

Capas de ajuste

Cuando seleccionamos una de las opciones disponibles en el menú **imagen – Ajustes**, afecta solo a la capa que está activa actualmente. Pero existe un tipo de capa especial que permite aplicar estos ajustes a varias capas. Se conoce como **Capa de ajuste**.

Capa – Nueva capa de ajustes

Una vez elegido el tipo de ajuste que queremos utilizar, los cambios modificarán todas las capas que se encuentren debajo de la capa de ajustes. Podemos mover la capa de ajustes dentro de la pila de capas para afectar a más o menos capas a la vez.

Estos cambios no son permanentes: en cualquier momento, podemos desactivar el icono ojo de la capa de ajustes y la imagen volverá a la normalidad. También podemos disminuir el efecto de la capa de ajuste reduciendo su ajuste **opacidad**.

Filtros de fotografía

Escogeremos el botón **nueva capa de relleno o ajuste** 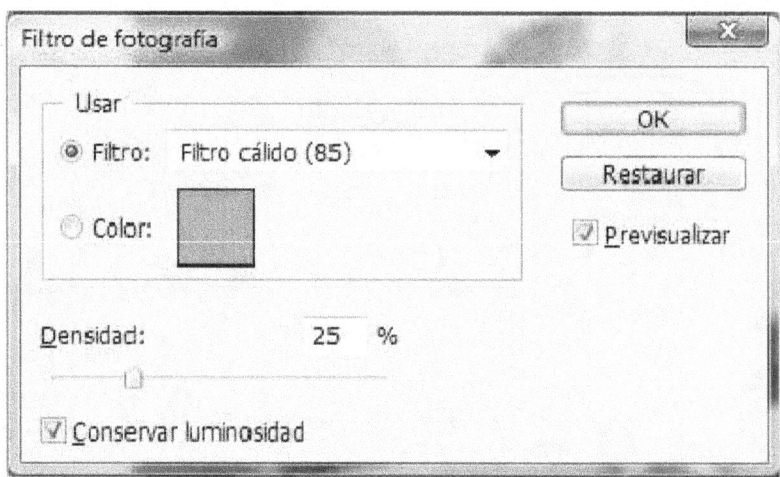 y en él la opción **Filtro de fotografía**.

Aparecerá el cuadro de diálogo **Filtro de fotografía**.

Desde este podremos decidir entre usar un color preestablecido de entre los enumerados en la opción **Filtro** o escoger un color personalizado desde la opción **Color**. Una vez hecho esto ajustaremos la opción **Densidad**, para controlar así el grado en que va afectar el filtro a la imagen. Si al aumentar gradualmente el ajuste **Densidad** comprobamos que la imagen se oscurece demasiado, entonces se recomienda desactivar la casilla **Conservar luminosidad** que hay en la parte inferior del cuadro de diálogo.

Cuando esta casilla está activada, el ajuste Filtro de fotografía da como resultado un oscurecimiento excesivo de la imagen, igual que ocurre cuando nos ponemos gafas de solo de cristales tintados, pues se reduce la cantidad de luz que entra en nuestros ojos. Si activamos esta casilla podremos seguir cambiando los colores de nuestra imagen, pero Photoshop no permitirá que afecte al brillo.

Capas de relleno

Esta opción permite añadir color sólido, degradado y motivo al contenido de una capa. Esto es especialmente útil combinado con **Máscaras vectoriales**. Si no queremos que una capa de relleno, rellene todo el documento, tendremos que hacer una selección antes de crear la capa.

Capa – Nueva capa de relleno

Una vez creada una capa de relleno, podremos reestablecer los colores, frontal y de fondo a blanco y negro pulsando D. Después podremos usar la herramienta borrador para ocultar el área y la herramienta Pincel, para hacer que las áreas vuelvan a ser visibles.

Selecciones automática de capa

Para seleccionar todo lo que hay en una capa determinada, haremos **Control – Clic** sobre el nombre de esa capa.

Combinar capas

Cuando creamos una imagen complicada que contiene docenas de capas, el proyecto puede convertirse en un objeto demasiado grande para la memoria, dificultando así la gestión de las capas. Cada vez que creamos una nueva capa y le añadimos algo, Photoshop utiliza más memoria. Photoshop no solo tiene que tener en cuenta lo que hay en esa capa, también tiene que recordar qué hay debajo de la capa (incluso la información que queda totalmente oculta por las capas superiores).

Siempre que es posible, es mejor simplificar la imagen combinando las capas. Esto combina las capas en una sola ahorrando así memoria. El menú lateral de la paleta capas y el propio menú **Capa** proporcionan varias formas de hacer esto:

- **Combinar hacia abajo**: Combina la capa activa con la capa que hay debajo de ella.

- **Combinar visibles**: Combina todas las capas que son visibles actualmente en la ventana de imagen principal.

- **Combinar enlazadas**: Combina todas las capas que tienen el símbolo de enlace, junto con la capa activa.

- **Combinar capas y conjuntos de capas**: Combina todas las capas que se encuentran dentro del conjunto de capas activo.

- **Acoplar imagen**: Combina todas las capas visibles con el fondo, descarta las capas ocultas y rellena las áreas vacías con blanco.

La herramienta Texto

Esta herramienta nos permitirá, dependiendo de la modalidad que escojamos, escribir textos en horizontal, textos en vertical, o como ya se comentó con anterioridad seleccionar zonas en forma de texto, utilizando la Máscara de texto Horizontal o la Vertical.

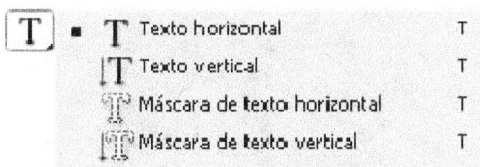

La barra de Opciones de Texto es la siguiente:

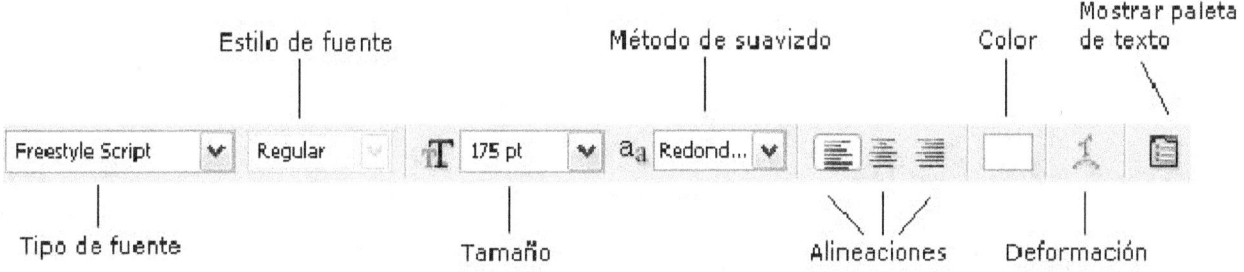

Cuando escribamos un texto en nuestra imagen, automáticamente se crea una nueva capa en nuestra paleta, con la siguiente forma:

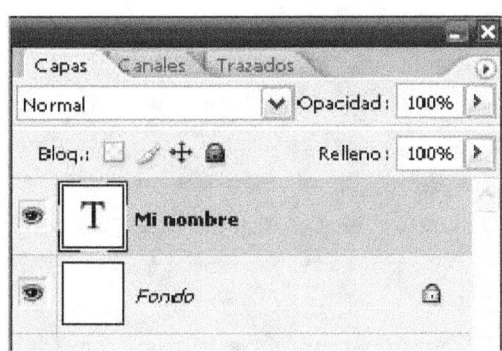

Manipulación del color

La gran mayoría de los controles de color de Photoshop están basados en la rueda de colores clásica. Si conseguimos entender bien algunos de los conceptos básicos de la rueda de colores, seremos capaz de coger las riendas de los controles de color en Photoshop sin dificultad.

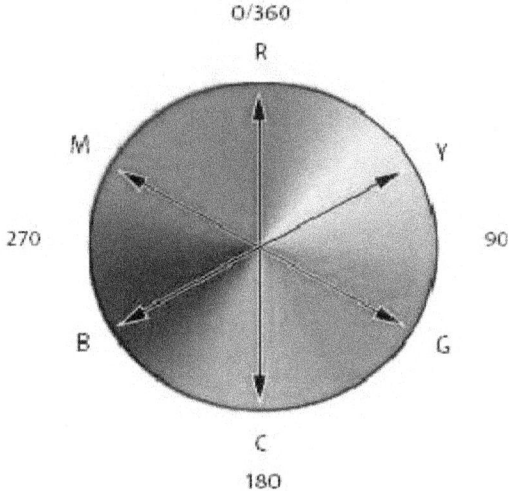

TONO = Color básico

Si echamos un vistazo a la figura de los colores, nos daremos cuenta que solo aparecen seis colores básicos: Cian, azul, magenta, rojo, amarillo y verde. Esto es así porque cualquier color que podamos imaginar está basado en uno de esos colores o en el resultado de transiciones entre ellos.

Para describir estos colores básicos, o tonos, Photoshop utiliza números que obtiene de ver cuántos grados hacia la derecha del rojo se mueve un color en la rueda de colores. Si dividimos la rueda de colores en seis partes iguales y partimos dando valor 0 al rojo, hallaremos los demás colores así, el amarillo a 60º del rojo, el verde a 120º, el cian a 180º, el azul a 240º y el magenta a 300º.

La otra forma de cambiar los colores básicos de nuestra imagen es empujándolos hacia uno de los seis colores primarios de la rueda de colores (mediante un ajuste como el equilibrio de color). El rojo, el verde y el azul son los opuestos exactos del cian, el magenta y el amarillo. La tinta cian tiene como única función absorber la luz roja, la tinta magenta la de absorber la luz verde y la tinta amarilla la de absorber la luz azul. Ésto explica porqué es imposible encontrar un ajuste que permita cambiar los colores de una imagen hacia el cian y el rojo al mismo tiempo: porque son opuestos, lo que significa que si nos movemos hacia el rojo, automáticamente nos alejamos del cian. Cuando empujamos los colores de una imagen hacia unos de los colores primarios, todos se mueven en esa dirección y se acercan más unos a otros mientras que cuando cambiamos el tono girando la rueda de colores, los colores permanecen tan diferentes como antes unos respectos a otros, y cada uno se mueve la misma distancia alrededor de la rueda.

SATURACIÓN = Cantidad de color

Si desplazamos el anillo exterior de la rueda de colores hacia el centro, podremos observar que los colores se suavizan y aparecen menos vívidos. De hecho, las sombras del centro absoluto de la rueda no contienen ningún color (son grises). Photoshop utiliza porcentajes parra describir cuánto color tiene una imagen y les aplica el término saturación. Si algo carece de saturación, entonces no tiene color, es decir, solo tramas grises. Si, por el contrario, la imagen tiene una saturación de 100%, entonces tiene todos los colores posibles (igual que los colores que aparecen en el anillo exterior de la rueda de4 colores).

Brillo / Luz / Luminosidad

Lo único que se echa de menos en la rueda de colores son las variaciones de brillo de los distintos colores. Una solución sería crear una rueda de colores en tres dimensiones, en forma de cilindro, con los colores más oscuros abajo y los más luminosos, arriba. El brillo de una imagen se podría describir utilizando los tres términos que conocemos: brillo, luz y luminosidad. Estas tres palabras se diferencian muy levemente en su significado a la hora de describir cuanto de brillante es el color. No debemos dejarnos confundir por ellas, pues, básicamente, significan lo mismo.

Todos los colores que vemos en Photoshop pueden descomponerse en tono, saturación y brillo (HSB)

El cuadro de diálogo TONO/SATURACIÓN

Los ajustes que nos ofrece este cuadro nos permiten hacer tres tipos de cambio, cambios al tono, a la saturación y a la luminosidad.

Imagen – Ajustes – Tono / Saturación

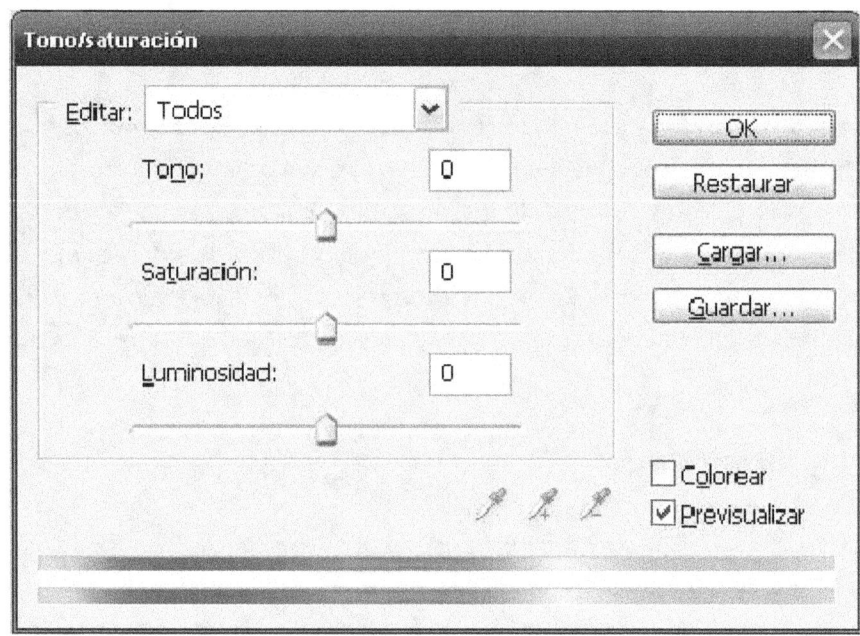

En la parte de abajo del cuadro de diálogo hay dos tiras de color que muestran todos los tonos posibles que se pueden utilizar en Photoshop. Es como si hubiéramos aplastado y estirado la rueda de colores.

El regulador de tonos nos permite cambiar los colores básicos que componen nuestra imagen. El regulador de saturación añade más o menos color del mismo que se utiliza en la imagen. El último control añade o quita luz a una imagen por lo tanto si lo tiramos todo hacia la izquierda, la imagen se queda negra porque le hemos quitado toda la luz y si lo hacemos al contrario se queda blanca porque hay un exceso de luminosidad.

Este regulador nos parecerá más útil una vez que hayamos aprendido a aislar la gama de color.

El comando Equilibrio de color

Imagen – Ajustes – Equilibrio de Color

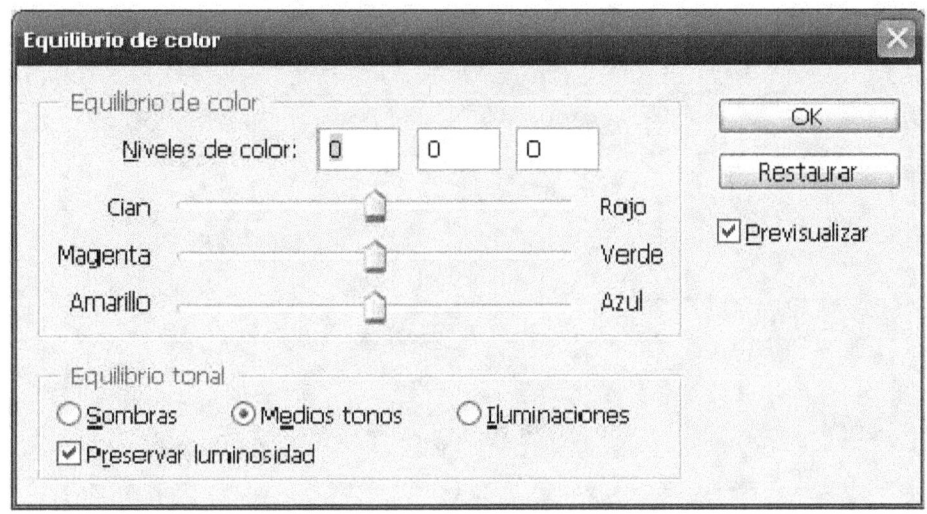

Como se aíslan las gamas de color

Si en la opción **Editar** del cuadro **Tono / Saturación**, tenemos la opción Todos, cualquier cambio afectará a todos los colores de la imagen. Si queremos que los cambios solo afecten a algunos colores en particular, entonces, tendremos que seleccionar antes el color que queremos dentro de esta opción. Cuando lo hagamos, bajo la segunda barra de color del cuadro aparecerán unos reguladores pequeñitos que nos indican la gama de colores que vamos a modificar. Los cambios se aplican primero a los tonos que quedan entre las dos barras verticales y se van difuminando luego conforme se acercan a los tonos que quedan justo encima de los triangulitos.

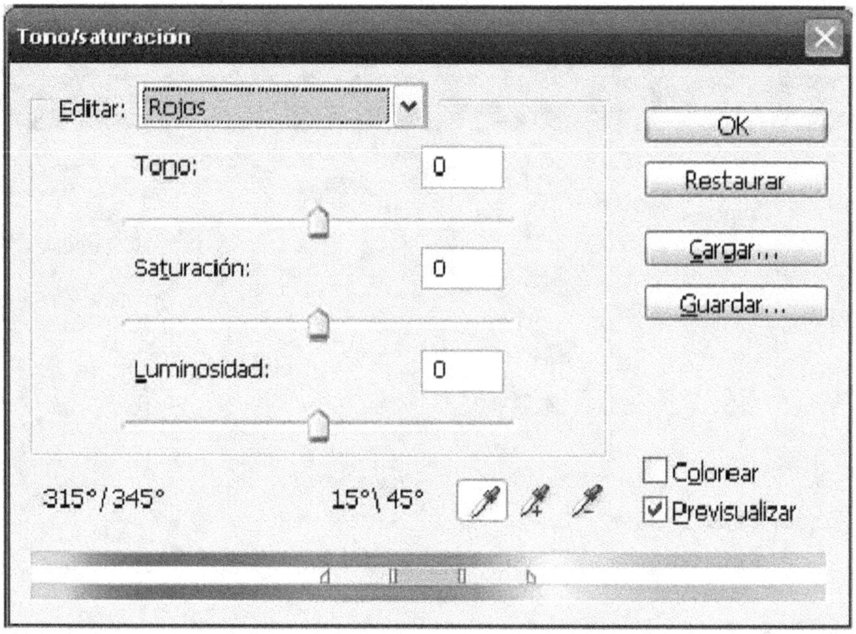

Tono/saturación

Editar: Rojos

Tono: 0

Saturación: 0

Luminosidad: 0

OK
Restaurar
Cargar...
Guardar...

315°/345°   15°\45°

☐ Colorear
☑ Previsualizar

El problema es que el menú emergente del campo Editar incluye solo los seis colores básicos, y el color que necesitamos aislar puede encontrarse entre esos colores y no ser uno de ellos. Para salvar esta limitación, todo lo que tenemos que hacer es mover el ratón por encima de la imagen y hacer clic en el color que queramos cambiar. En ese momento, los reguladores se centrarán en el color que hayamos escogido y quedarán en la posición correcta para trabajar con él.

PHOTOSHOP Prácticas

CREAR UN RAYO

Creamos una nueva imagen del tamaño que se quiera. Definimos el color frontal como blanco y el color de fondo negro.

Con la herramienta Degradado Radial (color frontal a color de fondo) rellenaremos la imagen

Aplicamos:

Filtro/Interpretar/Nubes de diferencia

Invertiremos el color:

Imagen/Ajustar/Invertir o Ctrl + I

Ahora modificaremos los Niveles:

Imagen/Ajustes/Niveles.

Aquí deberemos ir moviendo los triángulos de la gráfica hacia la derecha hasta que consigamos un rayo marcado.

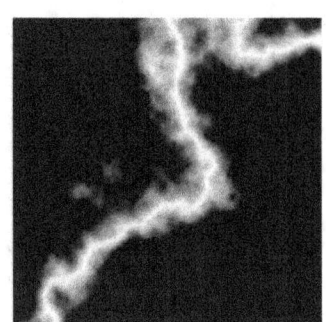

Finalmente, ajustaremos el equilibrio de color para conseguir el color deseado.

Imagen/Ajustar/Equilibrio de color

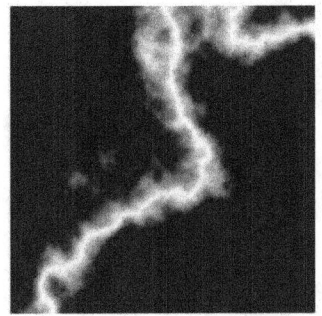

Texto en 3D

Crear una imagen nueva en modo RGB, con fondo blanco. Esta imagen es de 250 x 150. Creamos una nueva capa.

Capa – Nueva – Capa

Tomamos la herramienta de texto y escribimos la palabra o frase en forma de máscara de texto. El ejemplo es con una letra tipo Impact de 120 pt. y un aa Redondeado.

Activamos ahora la herramienta Degradado y rellena la selección de arriba-abajo (haz clic en la parte superior de la selección y sin soltar baja el cursor, al llegar a la base de la selección suelta el botón)

Este es el degradado usado para el ejemplo, pero puedes utilizar cualquiera:

Crear una nueva Capa:

Capa – Nueva – Capa

Asegúrate de activar la herramienta Mover. Mueve la selección 6 píxeles hacia la derecha presionando 6 ocasiones las flechas del teclado.

Rellena con el mismo Degradado pero esta vez a la inversa de abajo a arriba

Deselecciona:

Selección – Deseleccionar

Y listo: tu texto 3D

Efecto de nieve en texto

Inicia un nuevo documento de 320 x 180 px, con un color de fondo: AA732A. Después escribe el texto en él. La fuente utilizada para el ejemplo es:

Comic Sans MS
Negrita
Tamaño 120 pt.
AA: Redondeado
Color C2C2C2

Haz doble clic sobre la capa de texto para abrir los estilos de capa. Usa Bisel y Relieve y Trazo como se muestra en las imágenes abajo:

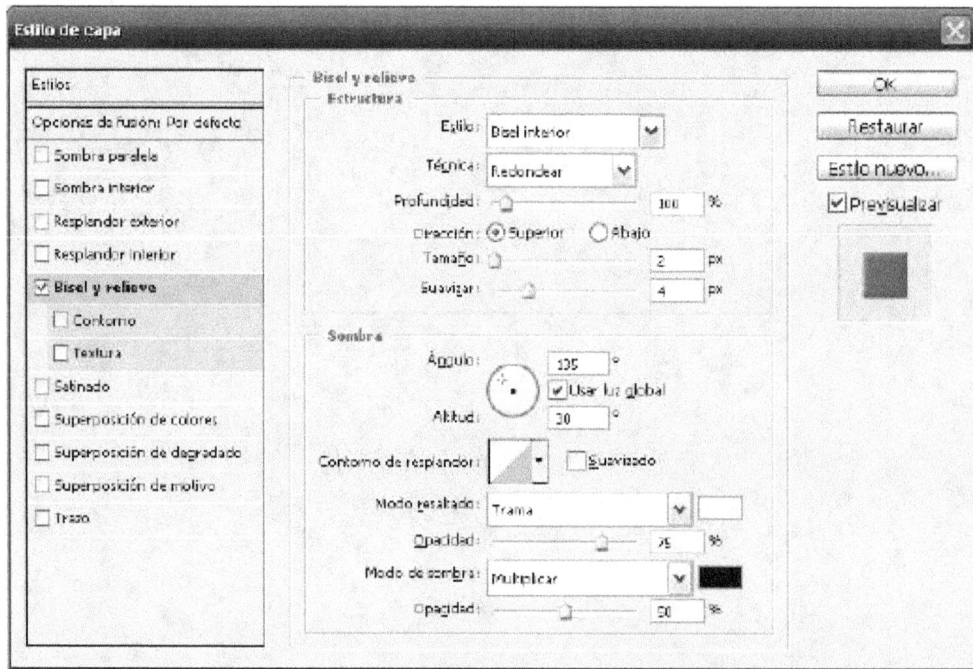

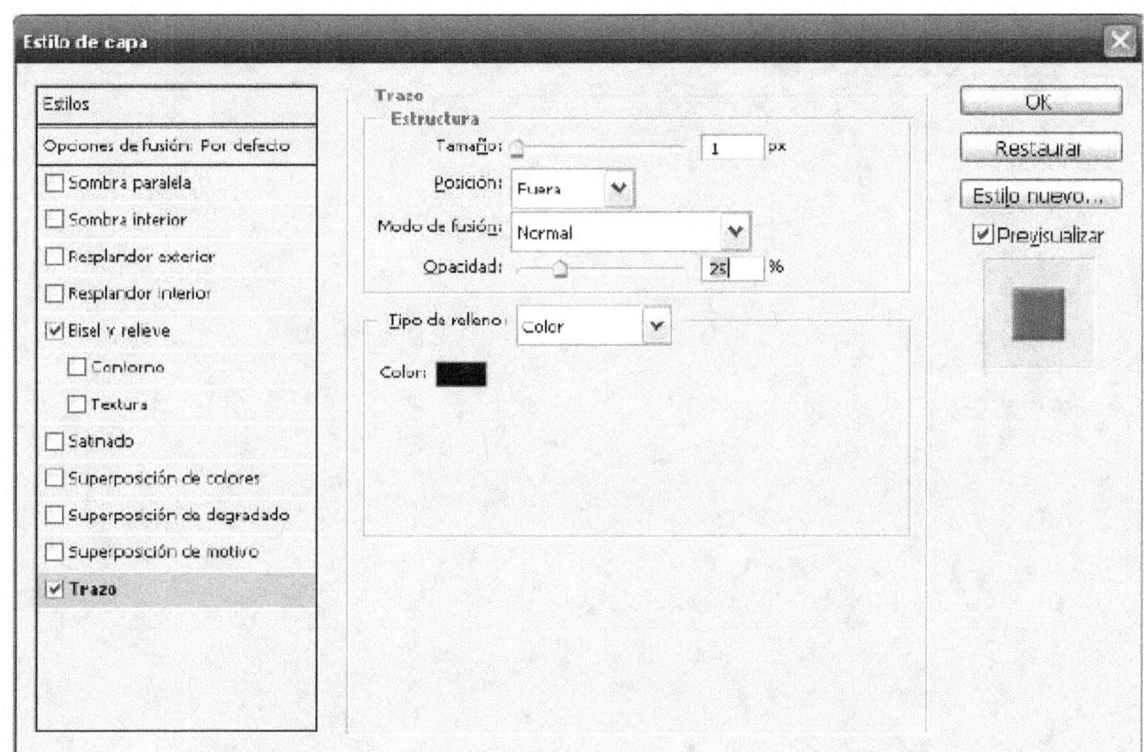

Ahora debes tener algo así:

Crea una nueva capa, y haz doble clic sobre esta para abrir los estilos de capa. Agrega Resplandor Interior y Bisel y relieve como se muestra en las imágenes de a continuación:

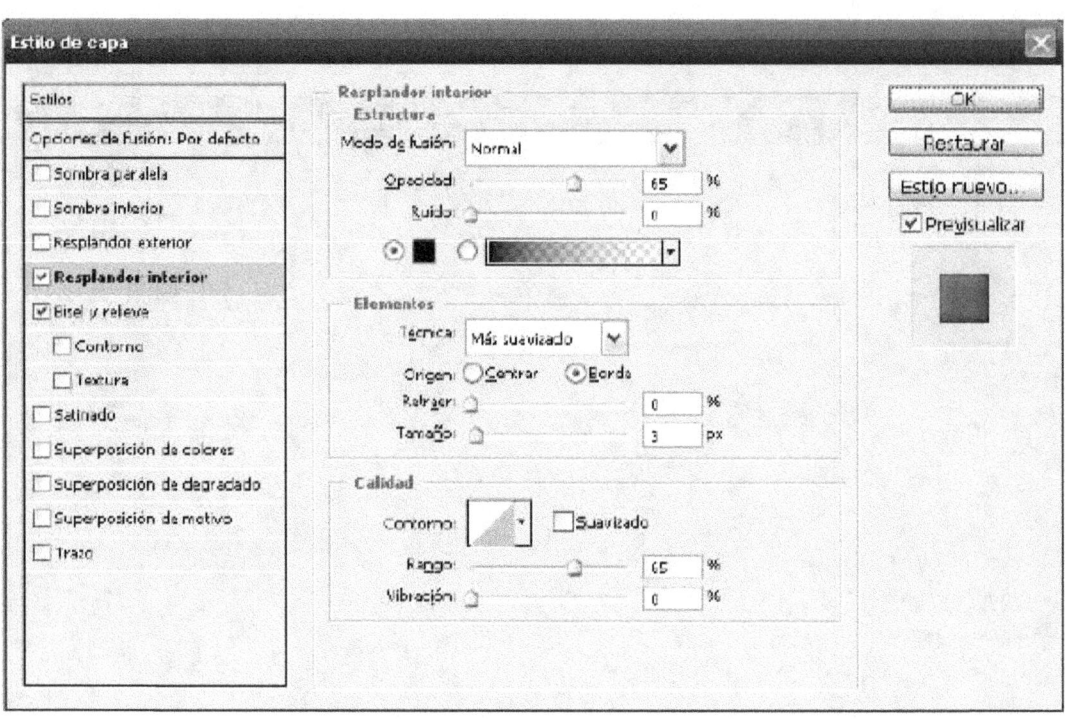

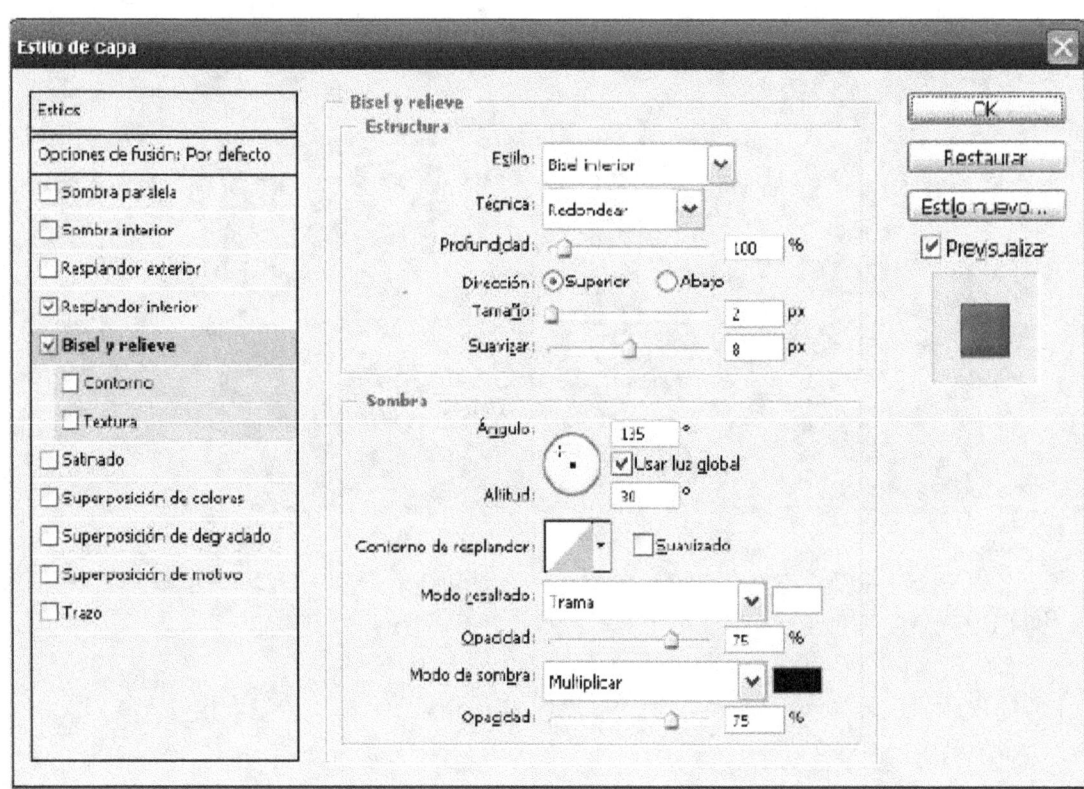

Finalmente utilizando la herramienta pincel con una dureza de 100% de entre 6 y 10 px. de grosor para dibujar la nieve. Asegúrate de que tienes el color blanco como color frontal. Dibuja encima del texto acorde a lo que necesites. Obtendrás algo así:

Tutorial escena espacial

Empezamos con un documento de 1024 x 768 px y de color negro de fondo

A esta capa le aplicamos un **filtro – ruido – añadir ruido...** con los siguientes valores:

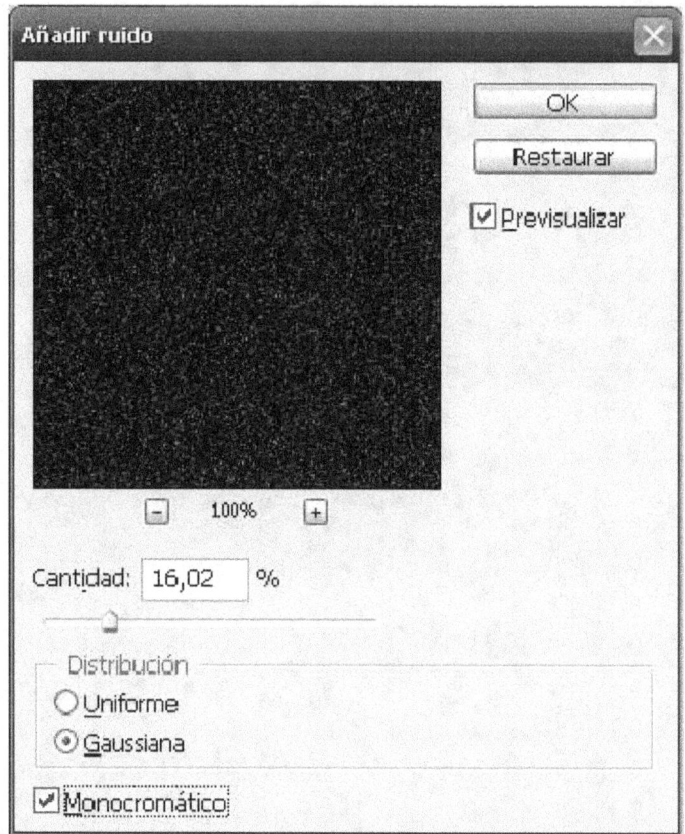

Ahora vamos a **Imagen – ajustes – niveles...** y colocamos los siguientes valores:

Y a continuación aplicamos un par de veces el **filtro – enfocar – enfocar**:

Creamos una nueva capa y con los colores de primer plano y fondo en Negro y blanco, aplicamos un **Filtro – interpretar – nubes** y a esta capa le cambiamos el modo de fusión a **trama**.

A continuación vamos a **imagen – ajustes – niveles...** y colocamos los siguientes valores:

A continuación **Imagen – ajustes – equilibrio de color...** y dejamos el cuadro de la siguiente forma:

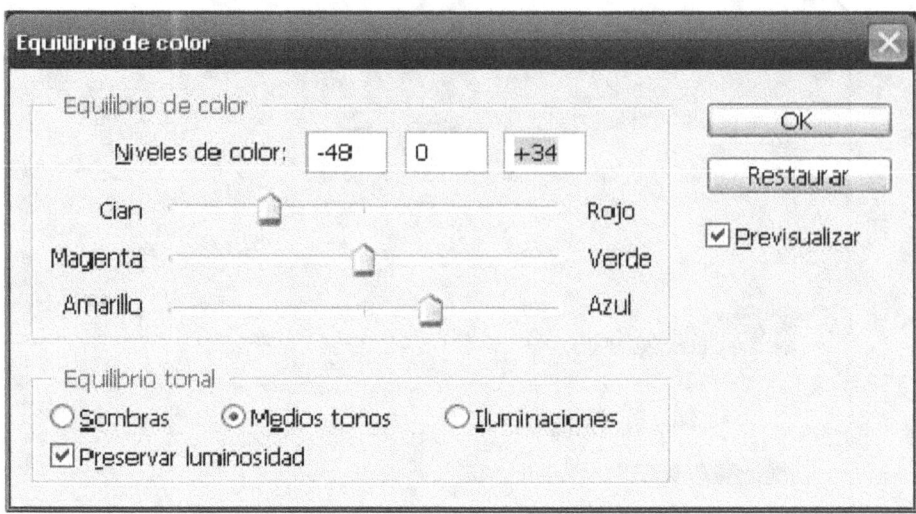

Debería quedar más o menos así:

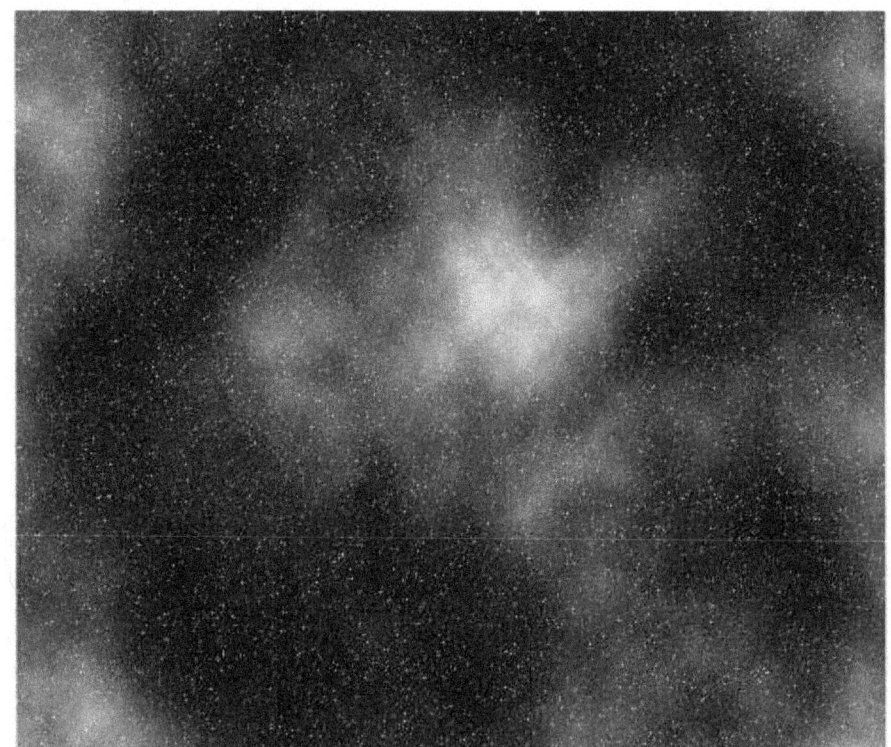

A continuación añadimos un destello en la misma capa

Filtro – Interpretar – destello...

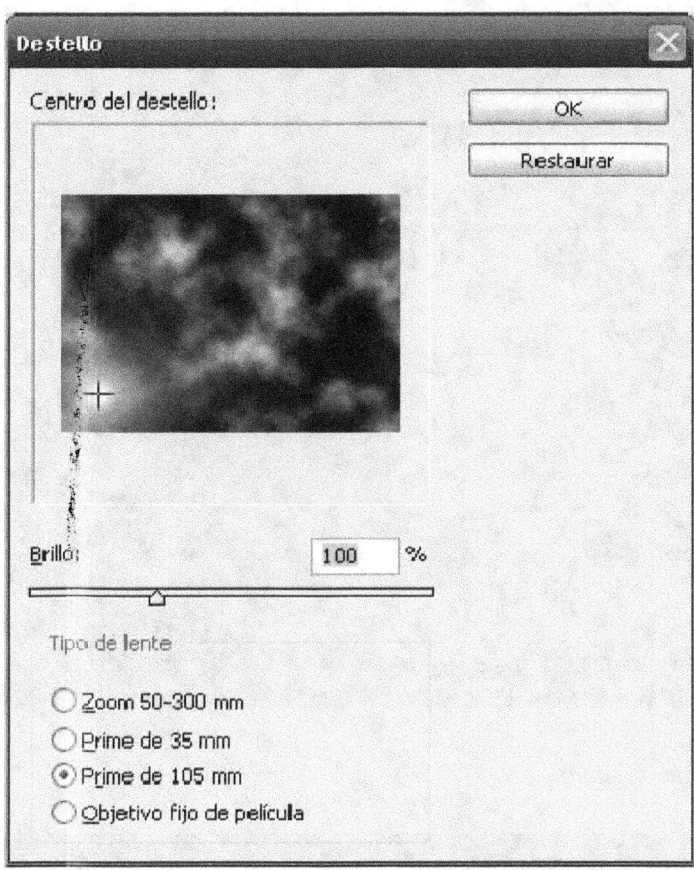

Ahora crearemos una nebulosa,

Para ello, primero crearemos un documento nuevo de 800 x 600 px Igual que el otro con fondo negro.

Seleccionamos la herramienta pincel con estos valores:

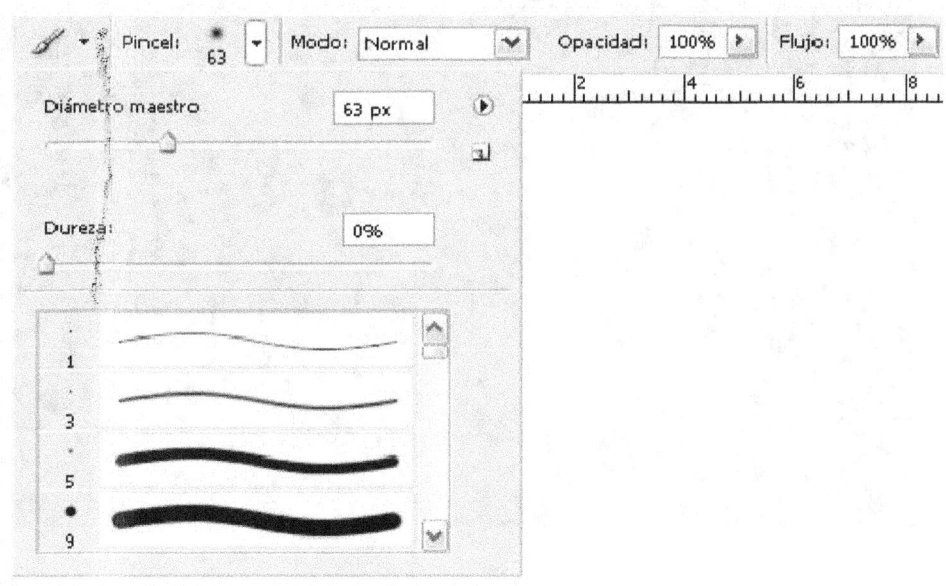

Y con un color azul, pintamos algo parecido a la siguiente imagen:

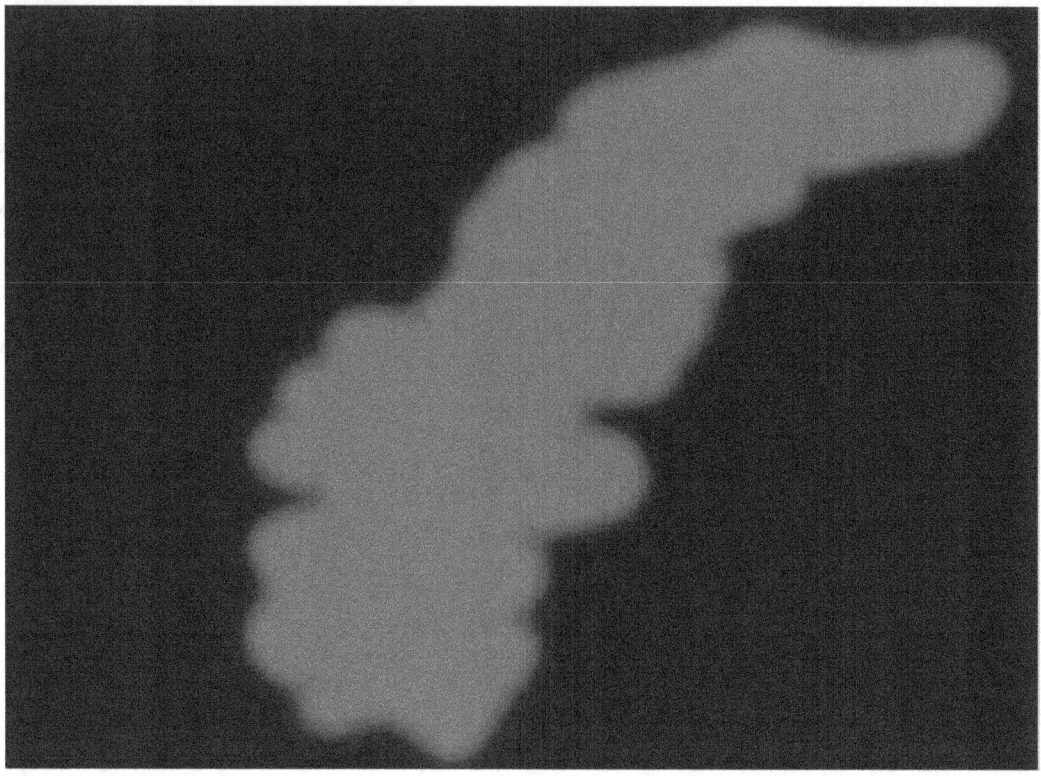

Con el rojo, algo parecido a esto:

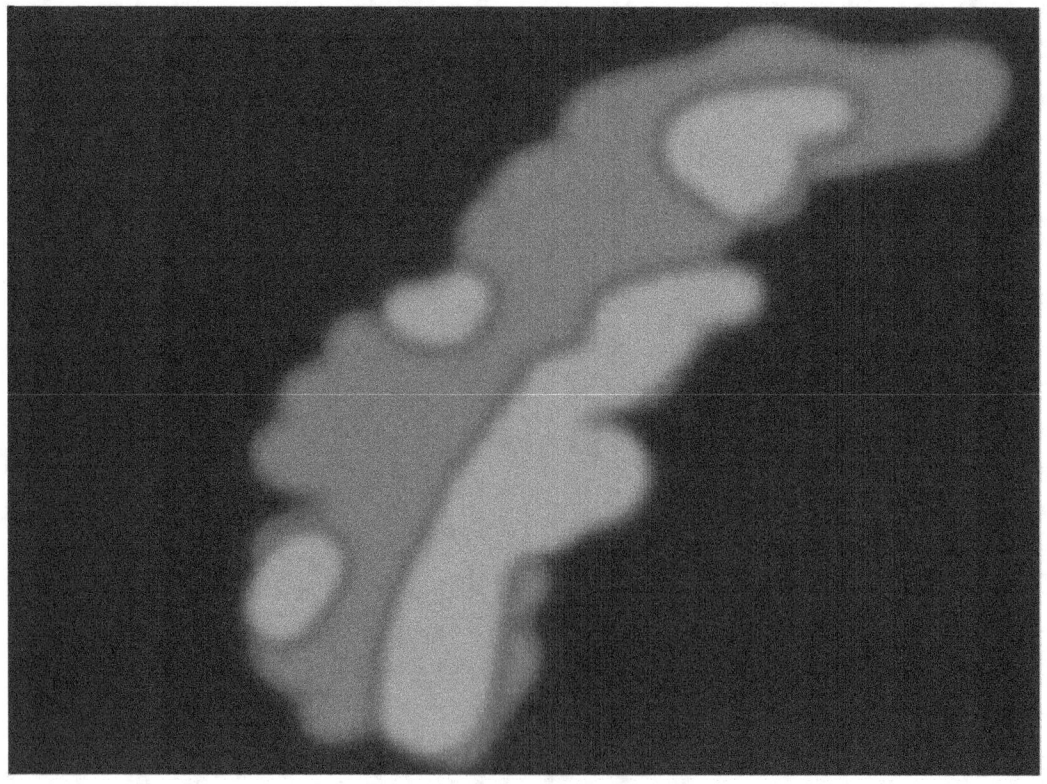

Con el amarillo:

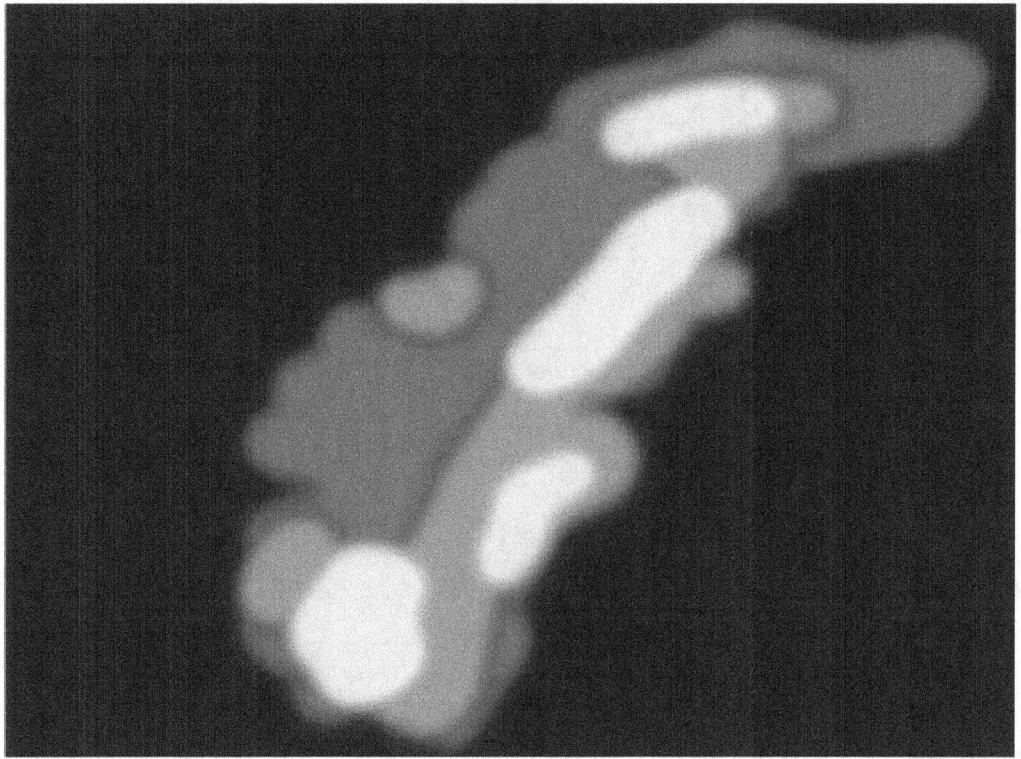

Y con el blanco y con un pincel más fino (20 px Por ejemplo):

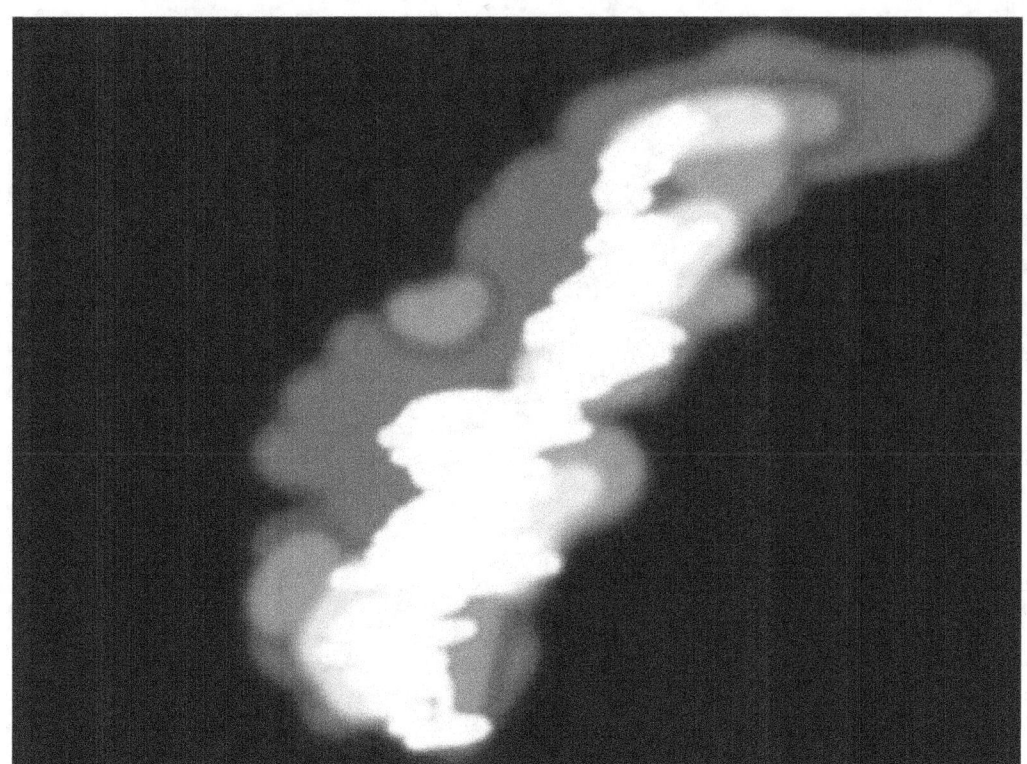

Ahora aplicaremos **Filtro – desenfoque – desenfoque gausiano** con los siguientes valores:

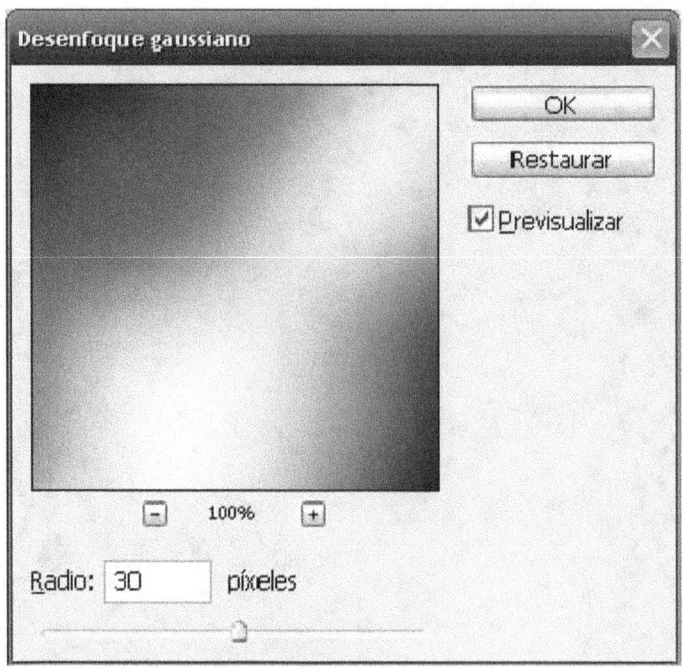

Solo nos falta combinar las capas (si lo hubiéramos hecho en capas diferentes) y copiar el resultado en la imagen espacio que hemos creado anteriormente, colocando el modo de fusión de la capa en trama.

Resultado final:

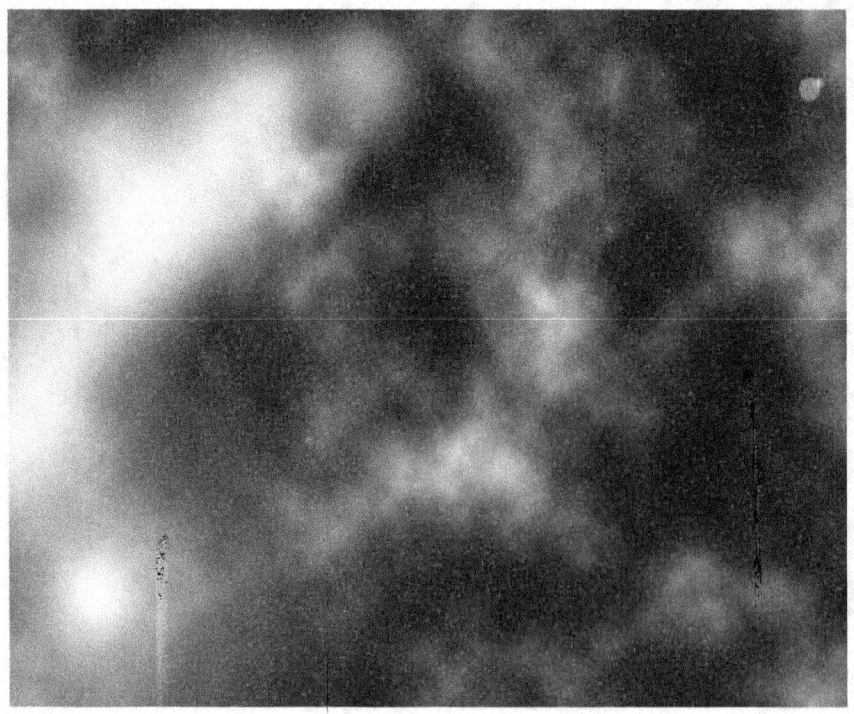

TEXTO DE CARAMELO

Creamos un documento de 100 x 100 px con el fondo blanco.

Colocamos una guía horizontal cada 25 px. Vista – Guía nueva:

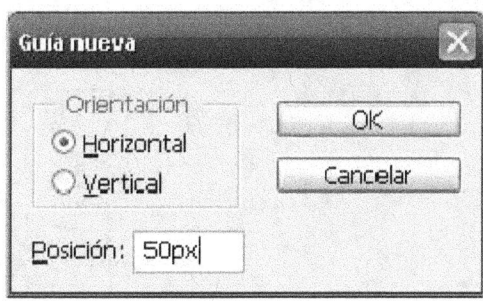

De manera que nos quede el documento de la siguiente forma.

Con la herramienta de selección marco rectangular y ayudándonos de las guías, creamos dos franjas rojas, de esta forma:

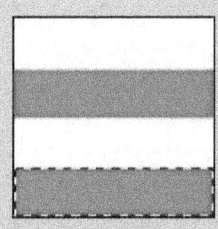

Deseleccionamos con **Selección – Deseleccionar** o utilizando la combinación **Ctrl + D**

Aplicamos el filtro:

Filtro – Distorsionar – Encoger

Con una cantidad de un 70%

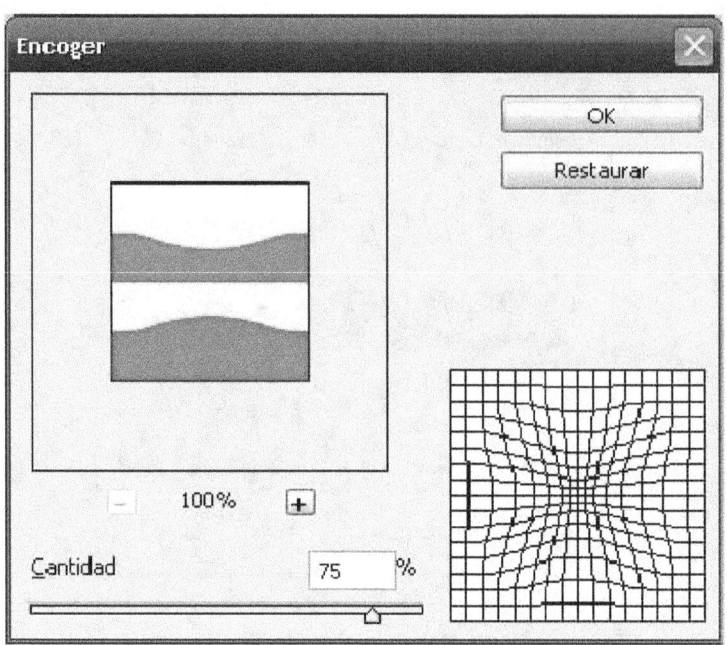

El documento nos habrá quedado de la siguiente forma:

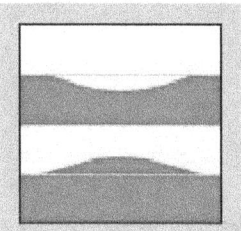

Ahora vamos a guardar esta pequeña imagen como un motivo para utilizarlo posteriormente en nuestro texto caramelizado, para ello, primero tendremos que definir el motivo:

Edición – Definir motivo

Y le pondremos como nombre Caramelo

Cabe decir que los motivos quedan guardados para poder utilizarlo desde cualquier documento.

Una vez acabado nuestro motivo, crearemos un documento en blanco con la medidas 500 x 200 px y con fondo blanco, donde escribiremos un texto, en el ejemplo se han utilizado las siguientes características:

Tipo de fuente: Verdana
Tamaño: 72 pt
Color: negro
aa: Redondeado
Negrita

CARAMELO

Aplicamos el estilo de capa **Superposición de motivo**, utilizando el estilo creado con las siguientes características:

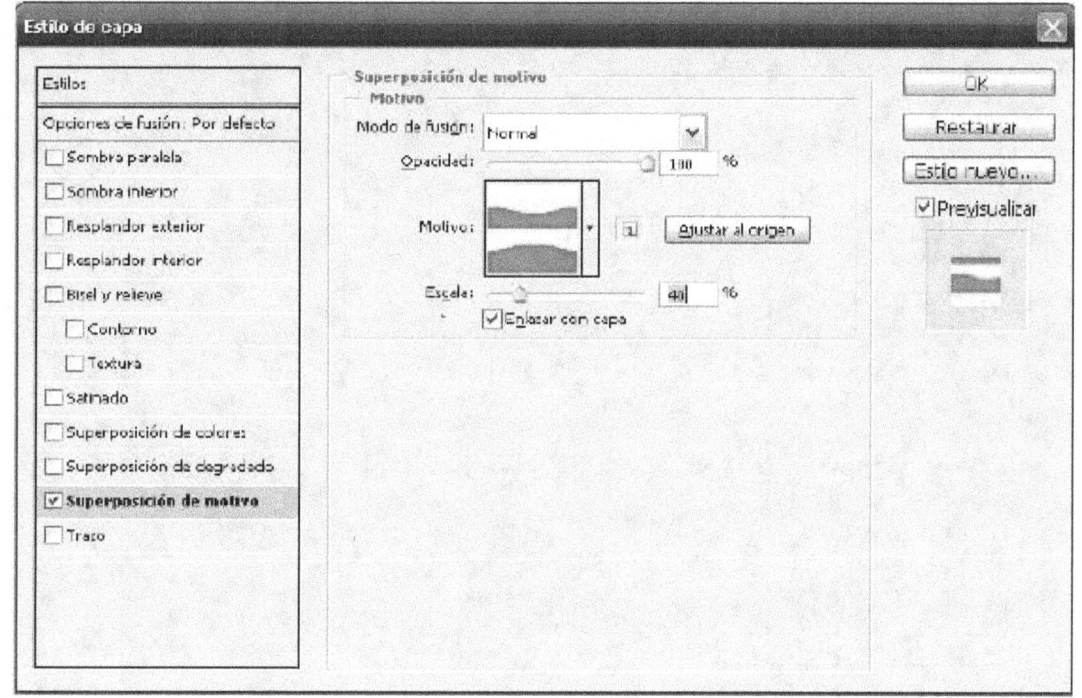

Y a continuación el de **sombra paralela** como en el cuadro siguiente:

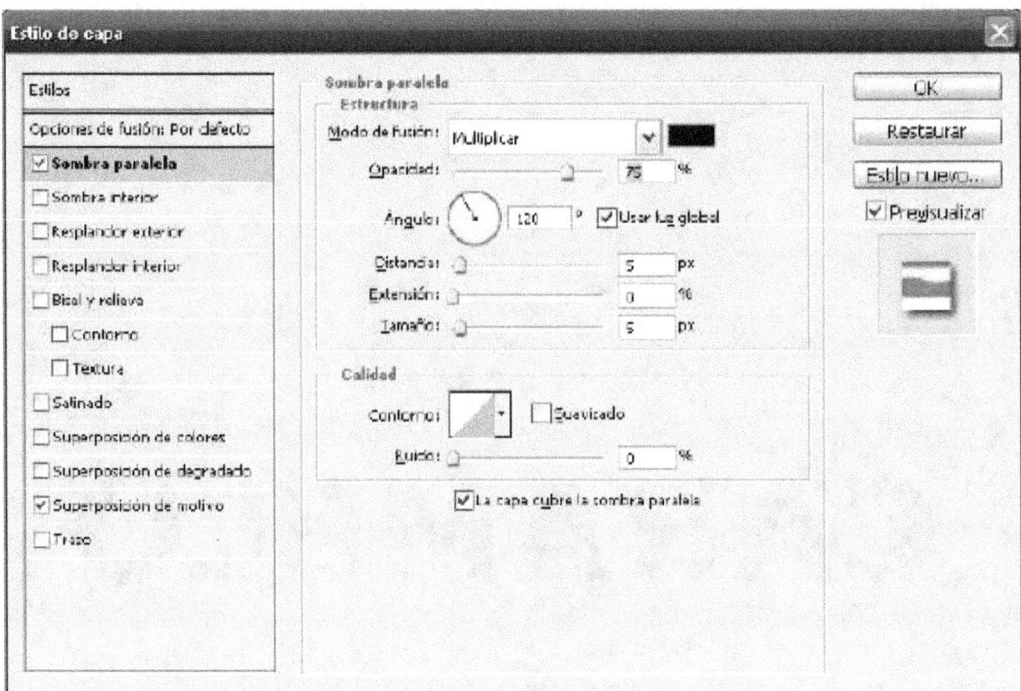

Y además el de **Bisel y relieve**

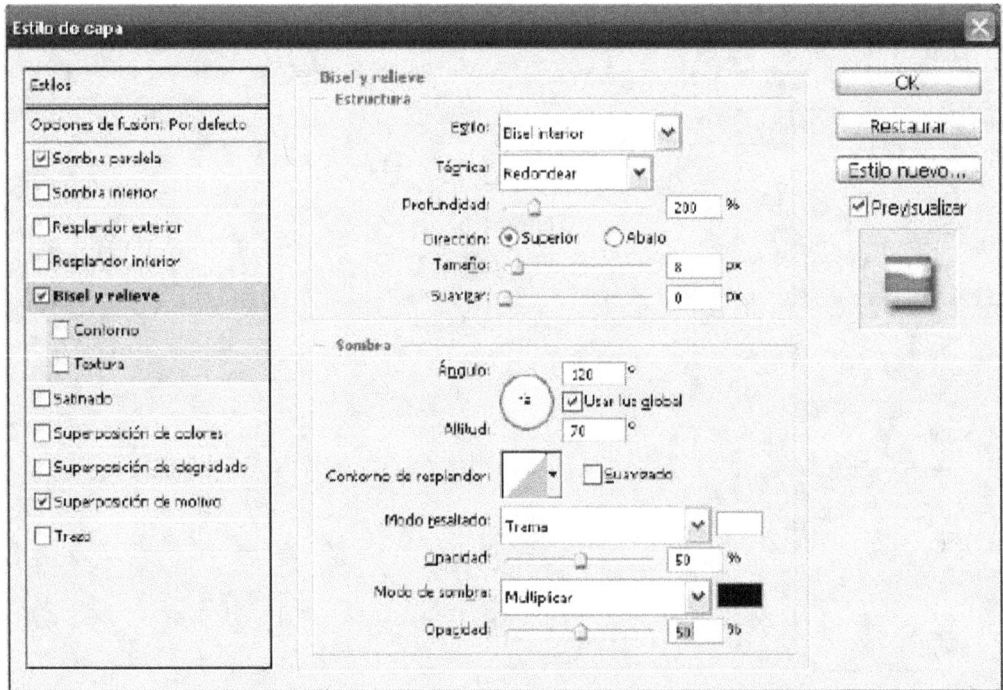

Una vez aplicados los estilos de capa definidos, rotaremos el lienzo pero veremos que el estilo del motivo no rota con la imagen.

Imagen – Rotar lienzo

Con la opción arbitrario activada a 45º AC

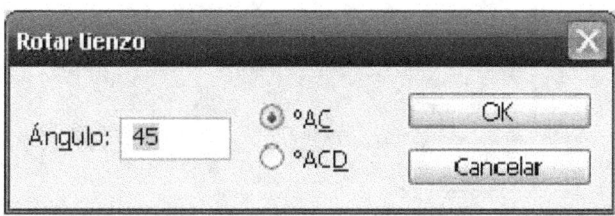

Fijémonos que la posición del motivo no la ha movido, sigue en horizontal, en lugar de haberse colocado en diagonal como el texto.

Una vez realizada la rotación, combinaremos la imagen, con la opción **Combinar hacia abajo**. De manera que únicamente nos quedará una capa y los estilos de capa habrán desaparecido con la combinación.

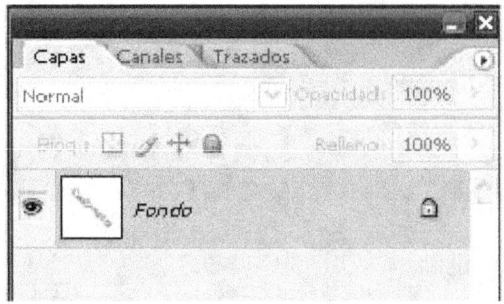

Posteriormente, volveremos a rotar la imagen, pero esta vez al contrario del anterior. Como en este caso tendremos combinadas las capas y no estarán los motivos separados, veremos que el texto gira por completo, quedando las franjas rojas en diagonal.

Imagen – Rotar arbitrario

También 45º pero esta vez ACD (Al contrario de las agujas del reloj)

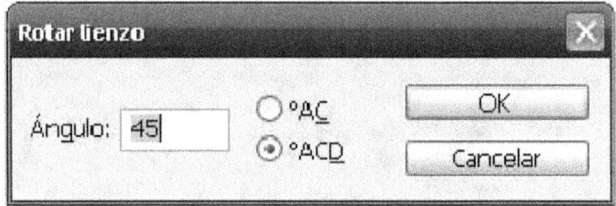

Tendremos el texto finalizado, como si fueran barritas de caramelo

Únicamente nos quedará reducir el tamaño del documento con la herramienta **recortar**

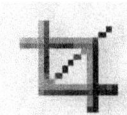

Texto con efecto de oro

Vamos a elaborar un efecto de oro con textura e iré mostrando las imágenes de cada uno de los distintos estilos de capa usados. Recuerda que para abrir los estilos de capa basta con dar doble clic sobre la capa que de tu interés sobre la paleta de capas.

Creamos una imagen de 700 x 300 px con el fondo blanco

Escribimos un texto, utilizando la fuente:

> Fuente: Century Schoolbook
> Negrita
> Tamaño: 300 pt
> Aa Redondeado

A continuación, únicamente falta, empezar a crear los estilos de capa, recuerda que lo podemos hacer haciendo doble clic sobre la propia capa:

Sombra paralela

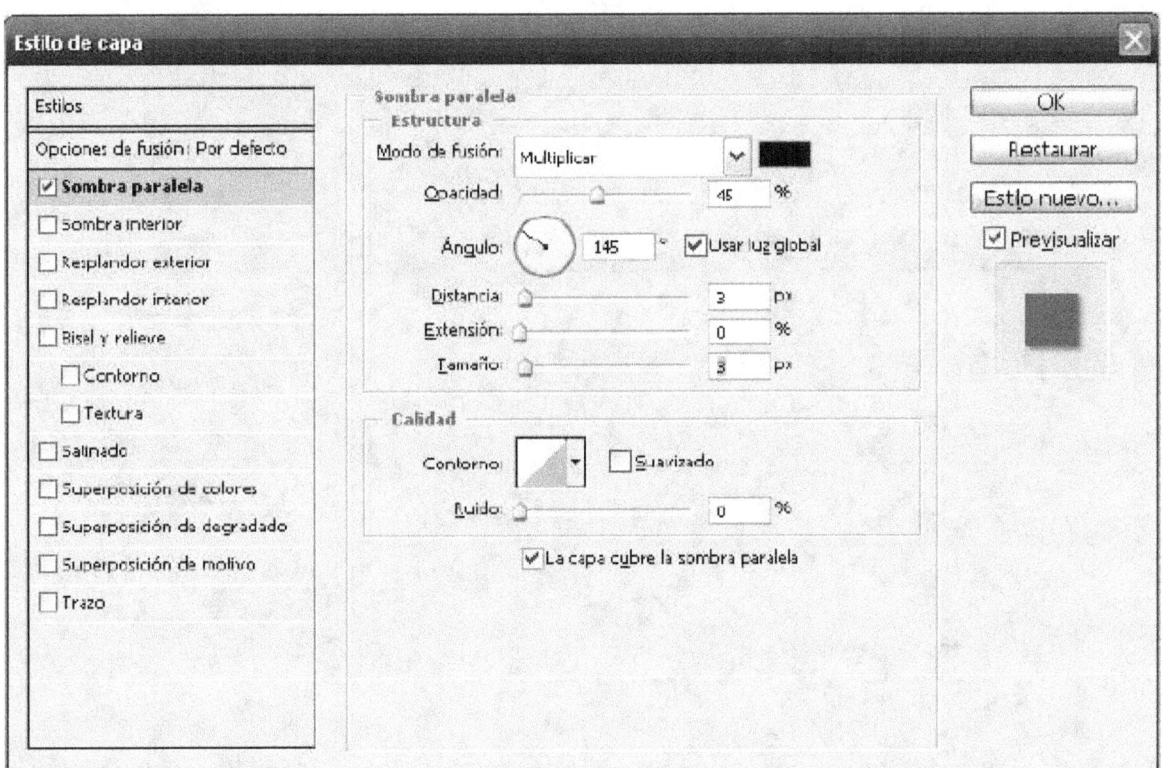

Bisel y relieve

Color Modo Resaltado: F5F1C4
Color Multiplicar: 4B2B01

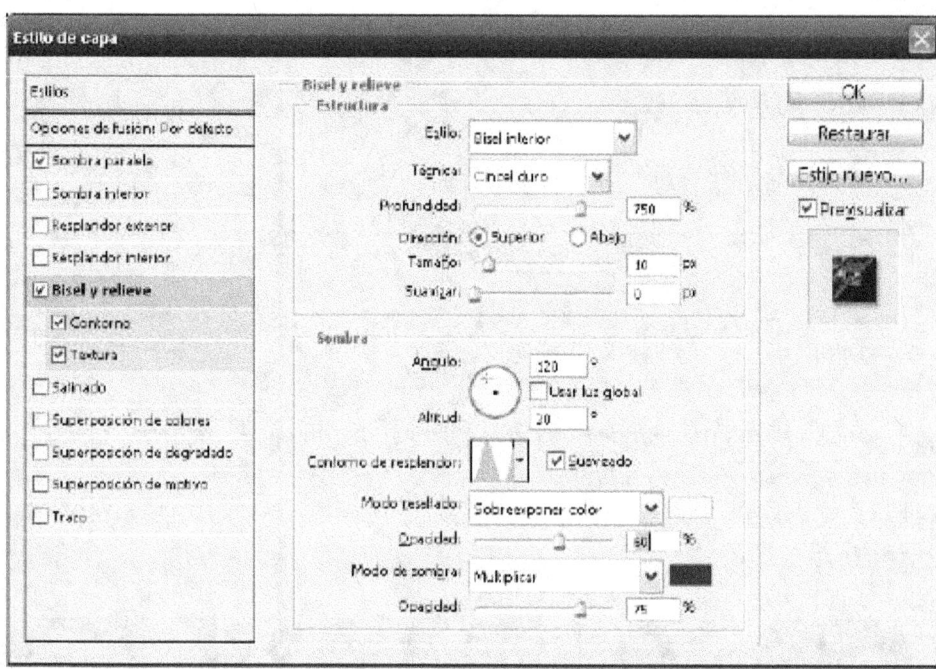

Contorno

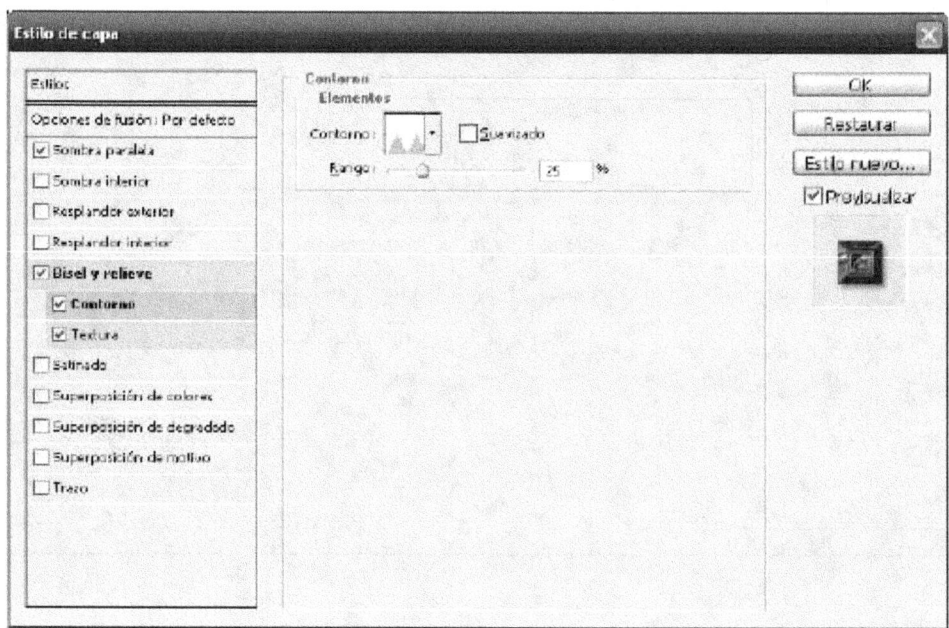

Textura

En este, escogeremos **Superficies artísticas**

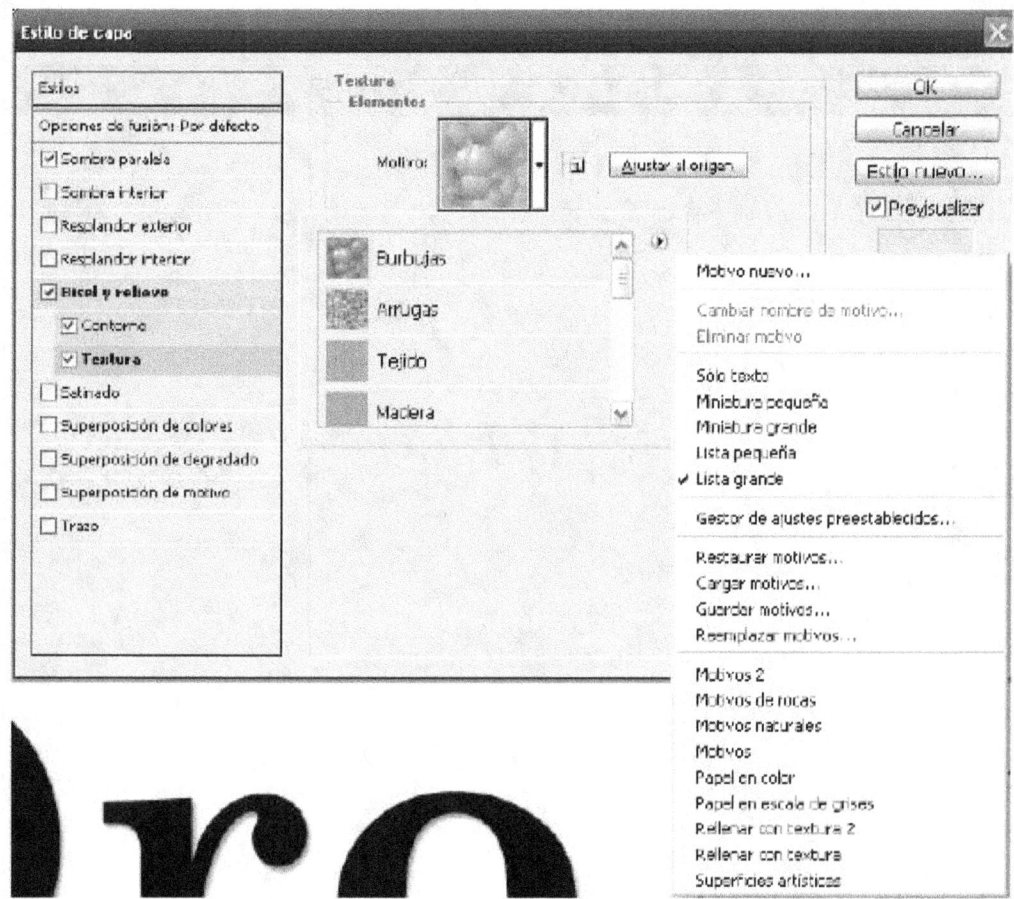

Y cogeremos el motivo, **Pluma de pincel sobre lienzo**

Colocando en **escala** y **profundidad** los siguientes valores

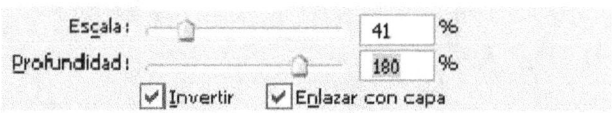

Superposición de colores

El color utilizado es el cc9900

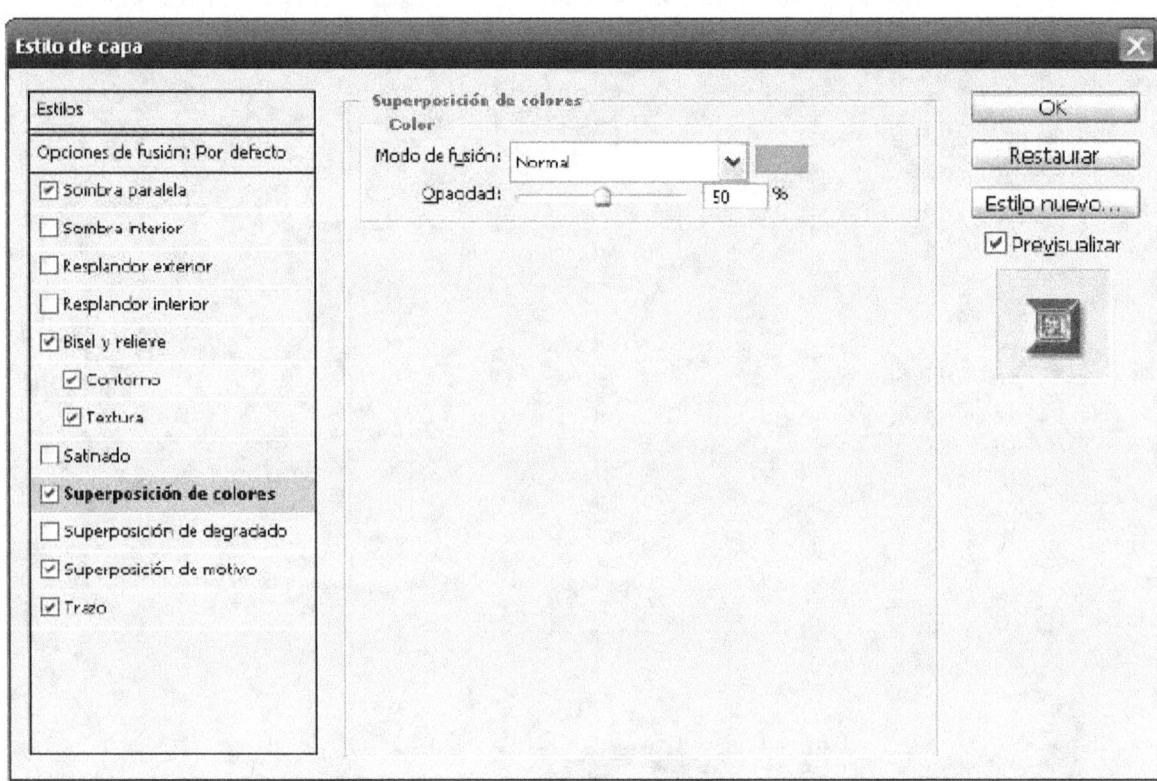

Superposición de motivo

Escogeremos el motivo con el nombre **pergamino** y ademas colocaremos los siguientes valores

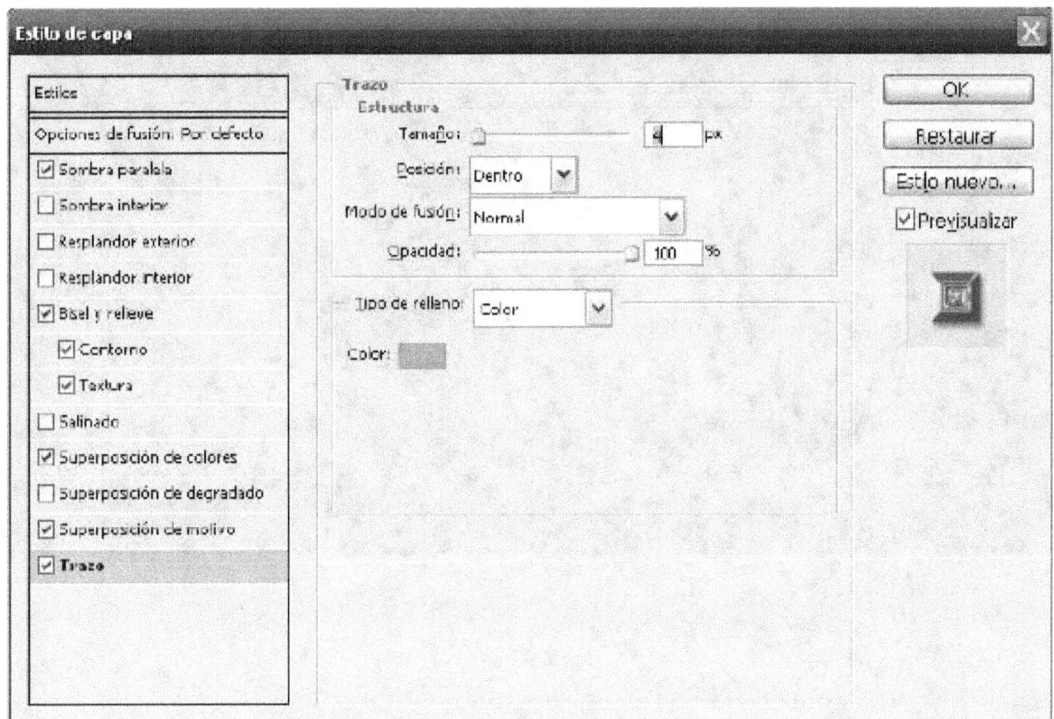

Trazo

El color usado para el trazo es el C69E43

Y conseguiremos esto, con dos fondos de distinto color

En blanco:

En negro:

De foto a pintura al óleo

Abrimos la foto a la que queremos aplicar el efecto.

Seleccionamos la opción **Imagen – Ajustes – Tono / Saturación**. En el cuadro, aumentamos a 50 el valor de la **Saturación** y hacemos OK, para avivar los colores de la foto.

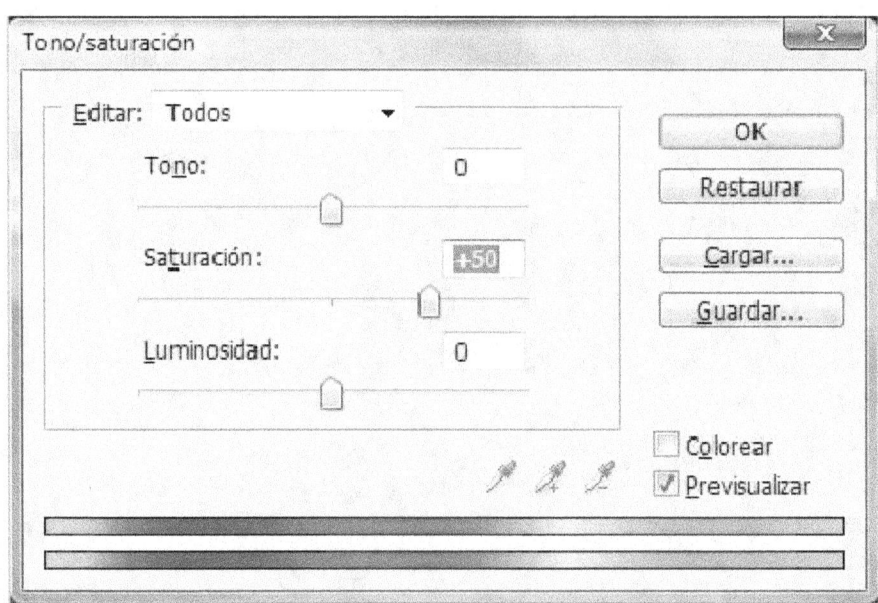

En el menú **Filtro**, seleccionamos **Galería de filtros** y, en el cuadro seleccionamos el conjunto **Distorsionar** y haremos clic en la miniatura **cristal**. Ajustamos **Distorsión** a 3, **Suavizar** a 3 y después seleccionamos **Lienzo** en el cuadro de lista desplegable **Textura**. Después, ajustamos el valor **Escalado** al 79%.

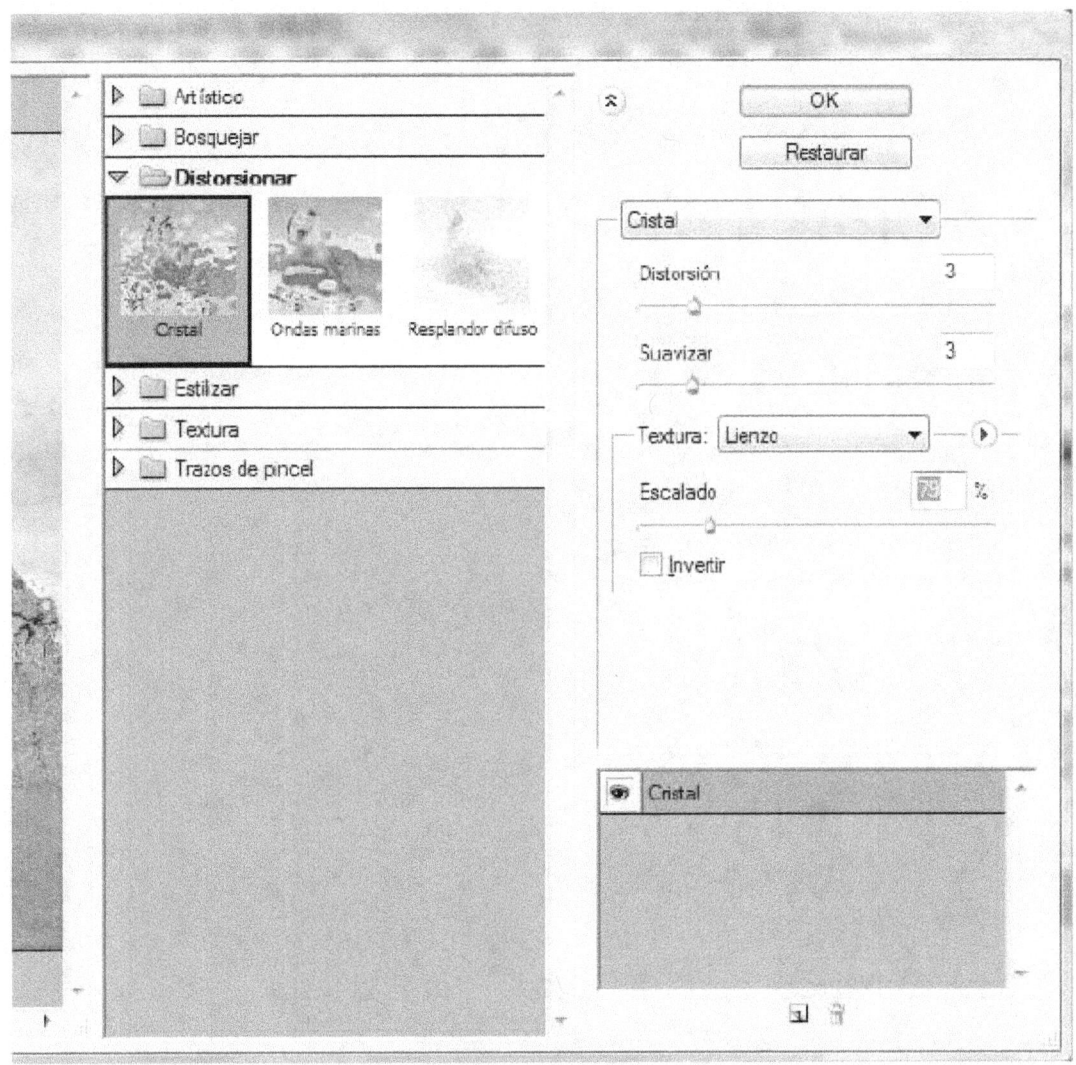

Hacemos clic en el icono **Nueva capa de efecto**, en la parte inferior del cuadro de diálogo. Después seleccionamos el Conjunto **Artístico** y haga clic en la miniatura **Pinceladas**. Ajuste el **Tamaño de pincel** a 4, el **Enfoque** a 1 y seleccionamos **Sencillo** como **Tipo de pincel**.

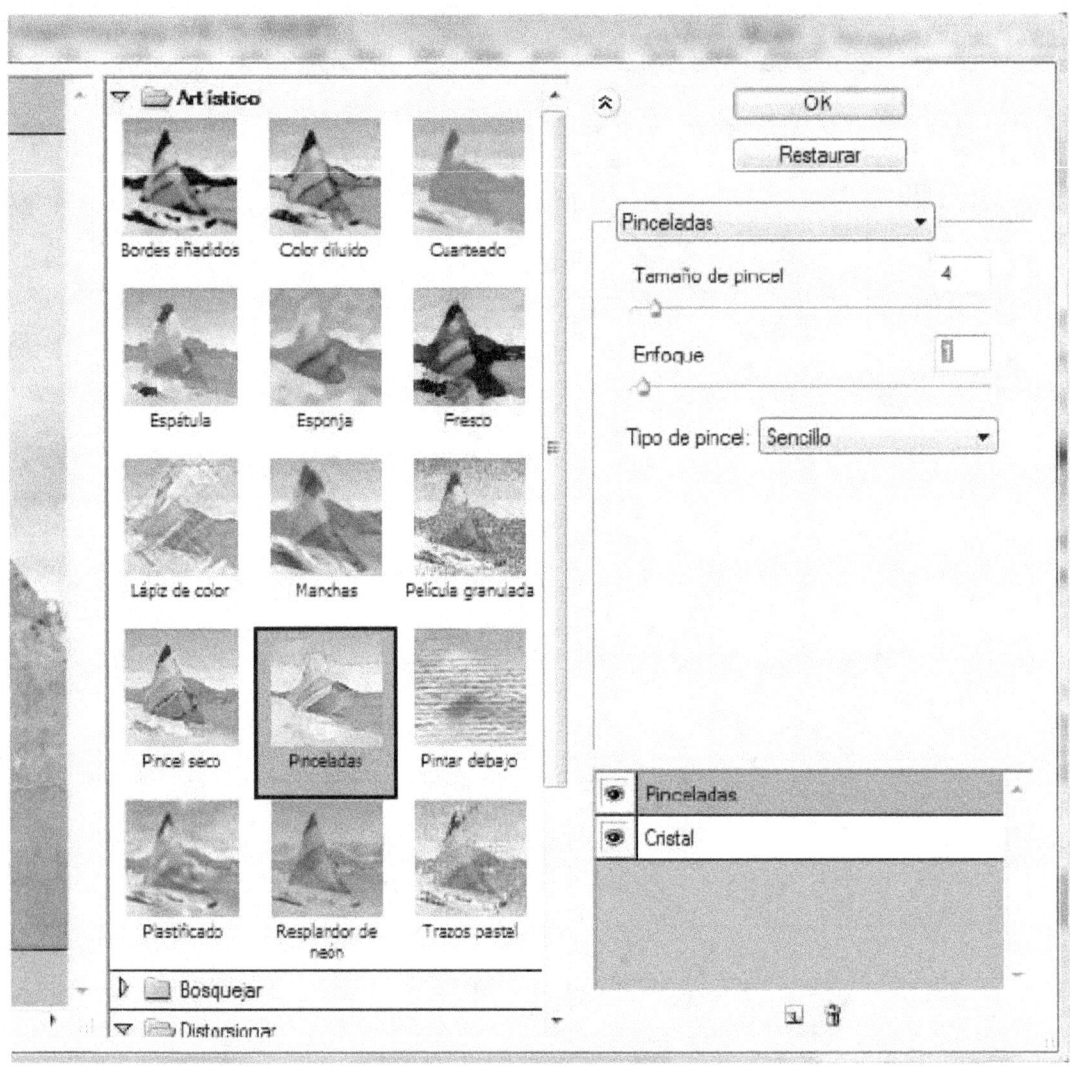

Volveremos hacer clic en el icono **Nueva capa de ajuste**, en la parte inferior del cuadro de diálogo. Después, seleccionaremos el conjunto **Trazos de pincel** y a continuación la miniatura **Trazos angulares**. Ajustamos el **Equilibrio de dirección** a 46, la **longitud de trazo** a 3 y el **Enfoque** a 1:

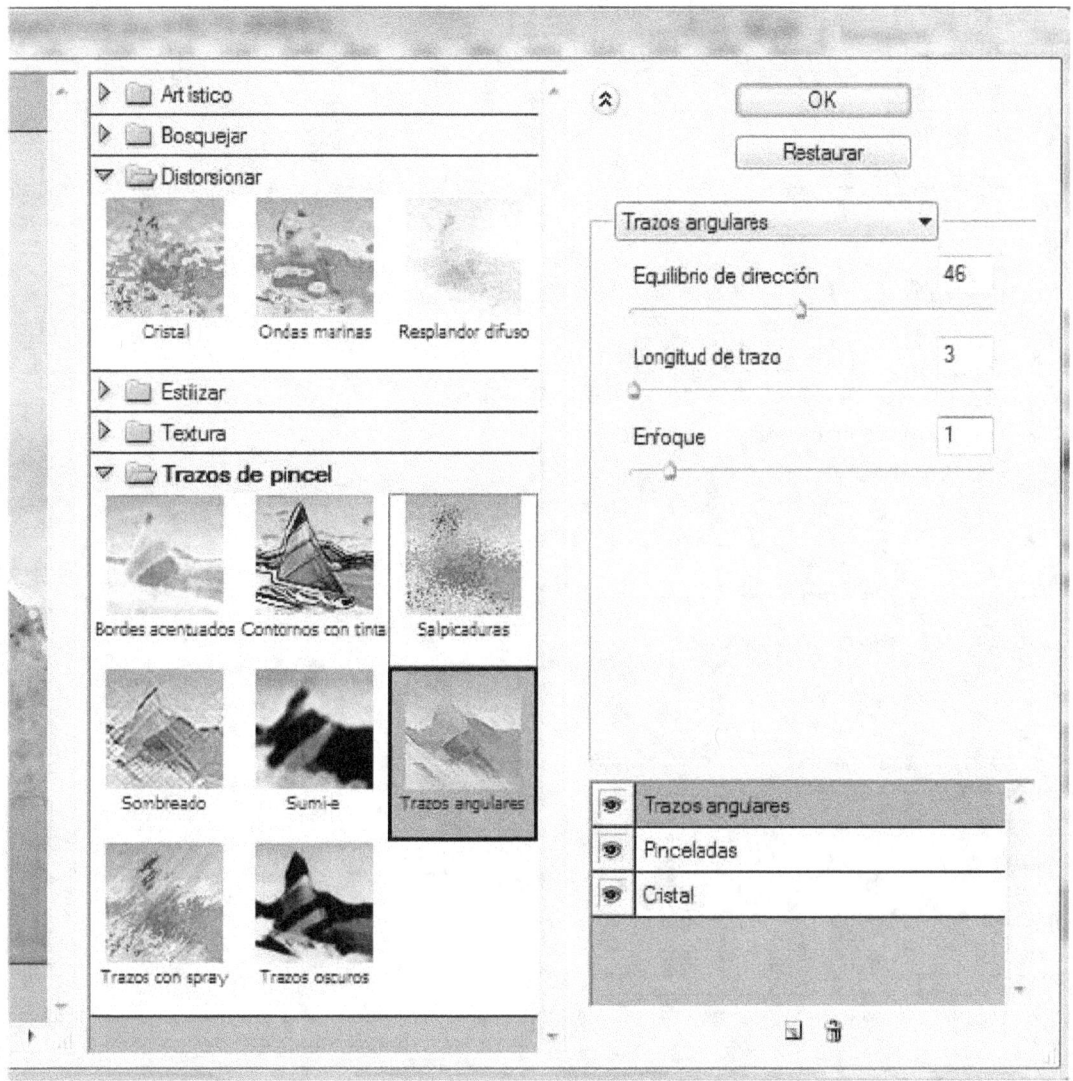

Volveremos hacer clic en el icono **Nueva capa de efecto**. Para dar a la imagen el aspecto de un lienzo, seleccionaremos el conjunto **Textura** y haremos clic en la miniatura **Texturizar**. Seleccionamos **Lienzo** en el cuadro de lista **Textura**, ajustamos el **Escalado** al 65%, el **Relieve** a 2 y, como **Luz**, seleccionamos la opción **Superior izquierda.** Por último hacemos clic en Ok para aplicar todos los filtros a la foto.

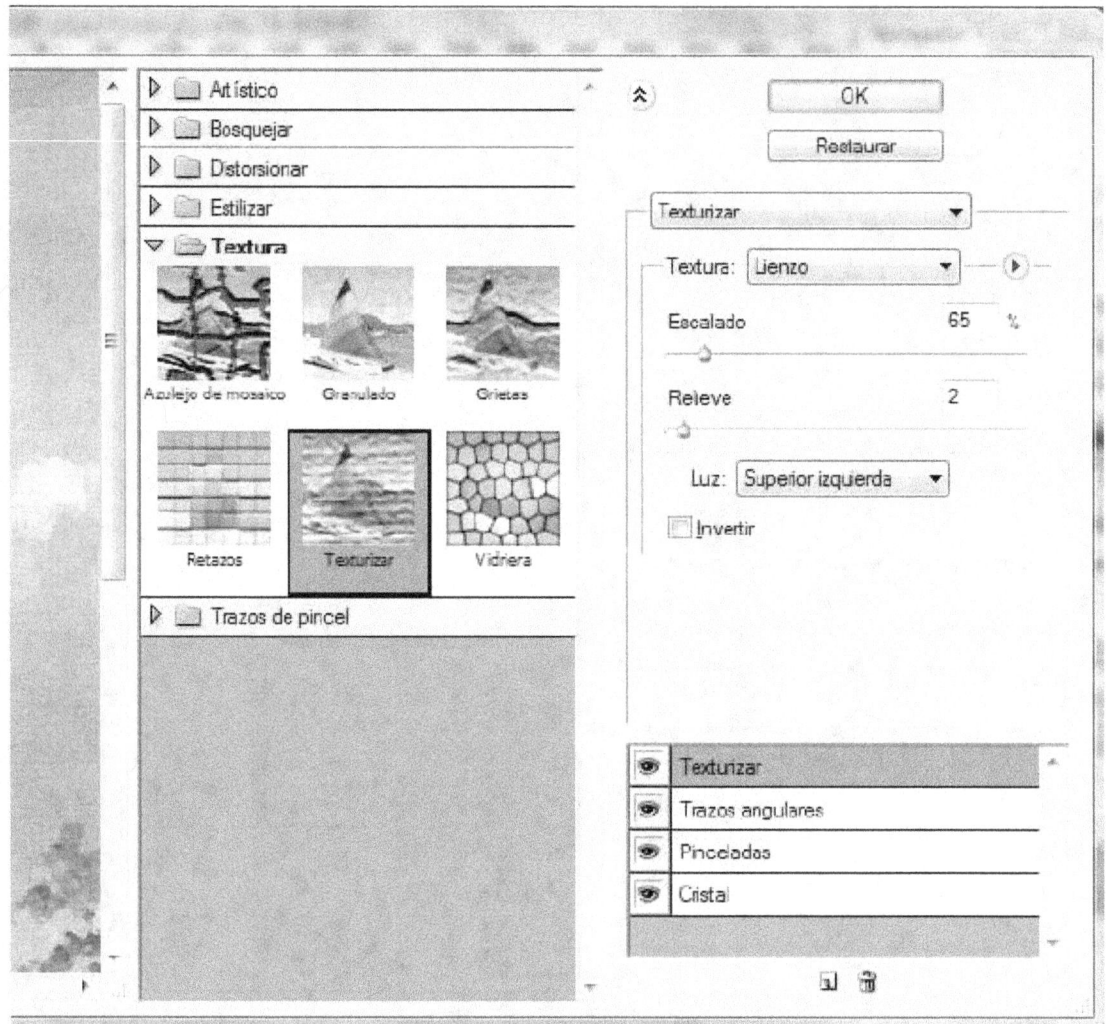

A continuación duplicaremos esta capa pulsando **Ctrl + J**. Después desaturaremos la capa pulsando la combinación **Ctrl + Mayúscula + U**. En la paleta **Capas** cambiaremos el modo fusión de la capa de **Normal** a **Superponer**.

Seleccionamos **Filtro – Estilizar** y hacemos clic en **Relieve**. En el cuadro de diálogo ajustamos el ángulo a 135º, la **altura** a 1, la **cantidad** al 500% y hacemos clic en Ok. Por último, en la paleta **Capas**, reducimos la **Opacidad** de esta capa al 40% para lograr el efecto final de pintura al óleo.

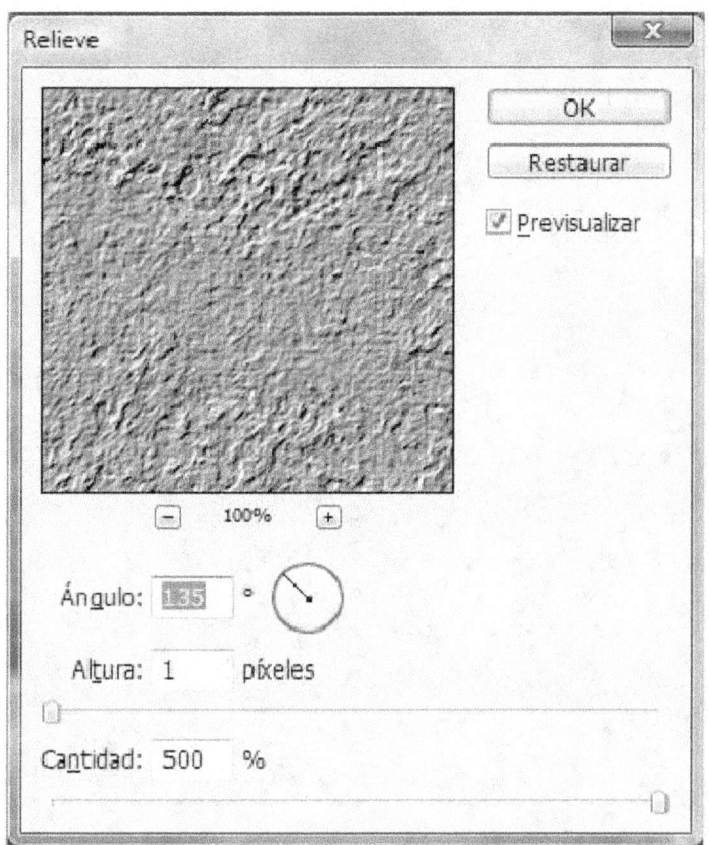

Y veremos lo siguiente:

Texto sobre metal biselado

Es un efecto de texto que EA Sports ha hecho popular en sus juegos. Por sí solo ya destaca como efecto de biselado metálico, pero EA Sports lo ha mejorado combinándolo con un efecto que lo hace único. A continuación vamos a ver como realizarlo.

Abrimos un documento nuevo en modo RGB (18 x 13 cm a 200ppp). Configuraremos el color frontal con un color azul grisáceo, por ejemplo: R=153, G=153, B=171. Y rellenamos con este color la capa fondo.

A continuación creamos una nueva capa. Sobre ella, utilizando el marco elíptico y ayudándonos con la tecla Mayúscula, seleccionamos el área de un círculo y lo rellenamos de color blanco. Como en la figura siguiente:

Añadiremos un estilo de capa, utilizando el icono de la parte inferior de la paleta capas, seleccionamos Superposición de degradado:

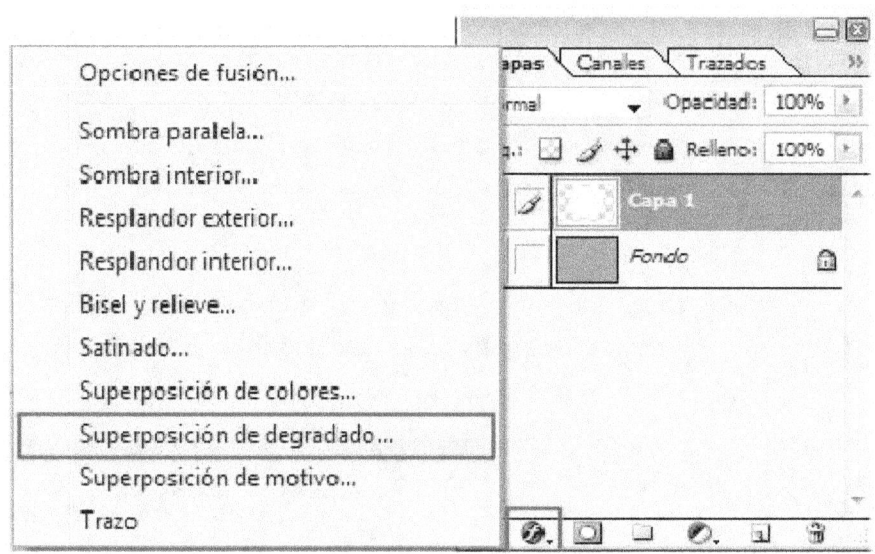

Con el cuadro de diálogo delante, haremos clic en la flecha de la miniatura de degradado para abrir el selector del degradado.

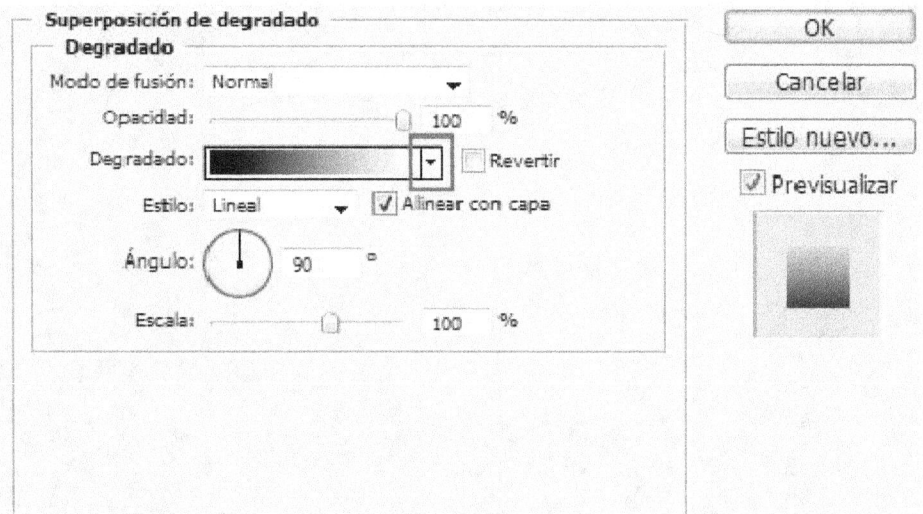

Desde el menú desplegable del selector cargaremos el conjunto metales haciendo clic en **Añadir** en el cuadro de confirmación.

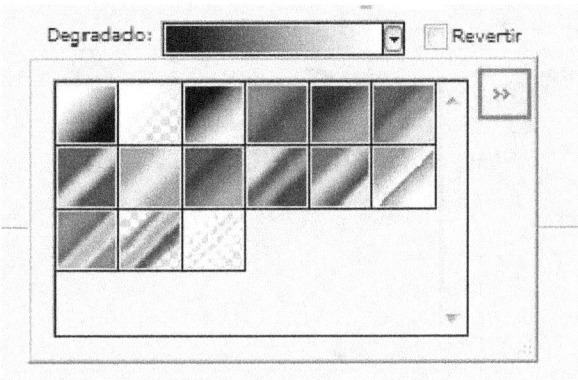

Una vez tenemos los nuevos degradados seleccionaremos el degradado plateado y haremos Ok.

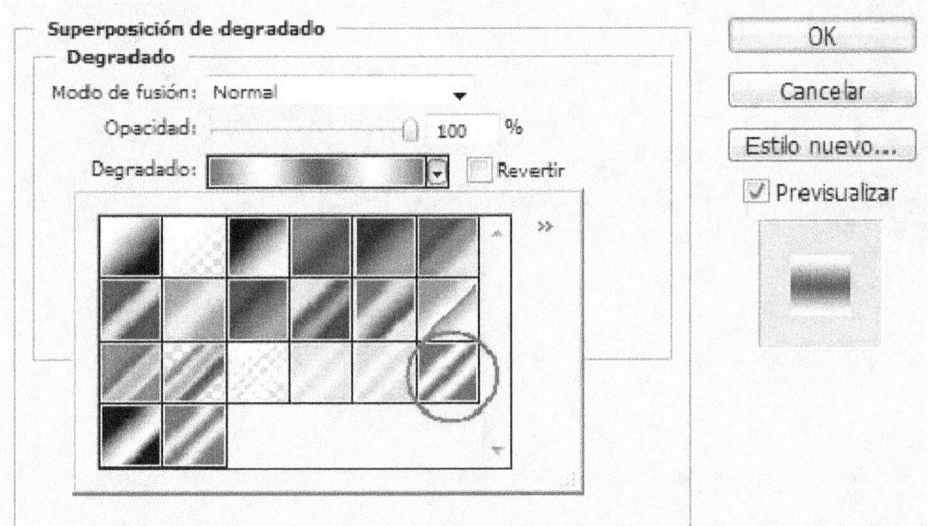

Con la selección del círculo todavía activa, iremos al menú **Selección – Modificar – Contraer**, ajustando el valor de contracción a 20 px, para reducir el tamaño de la selección:

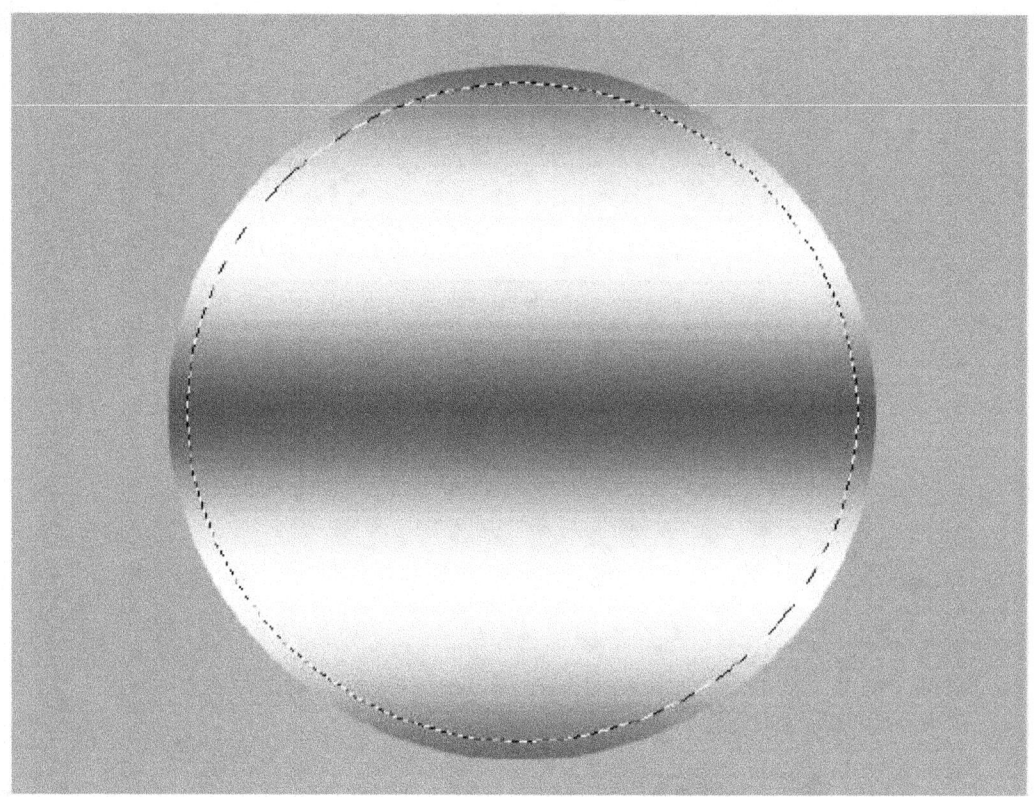

Crearemos una capa nueva y volveremos a rellenar de blanco la selección activa. Quitaremos la selección.

A continuación añadiremos el estilo de capa **Resplandor interior** y dejaremos las características de la siguiente forma:

Estilos	Resplandor interior
Opciones de fusión: Por defecto	**Estructura**
☐ Sombra paralela	Modo de fusión: Normal
☐ Sombra interior	Opacidad: 50 %
☐ Resplandor exterior	Ruido: 0 %
☑ **Resplandor interior**	
☐ Bisel y relieve	**Elementos**
☐ Contorno	Técnica: Más suavizado
☐ Textura	Origen: ○ Centrar ● Borde
☐ Satinado	Retraer: 0 %
☐ Superposición de colores	Tamaño: 40 px
☐ Superposición de degradado	**Calidad**
☐ Superposición de motivo	Contorno: ☐ Suavizado
☐ Trazo	Rango: 50 %
	Vibración: 0 %

A continuación añadiremos el texto, pulsando la herramienta T. Pulsamos la tecla D para configurar los colores negro y blanco como frontal y fondo. Seguidamente introduciremos el texto que nos interese.

Nosotros hemos introducido este con las características que se muestran:

Vamos a añadir un degradado utilizando los efectos de capa: Escogemos **Superposición de degradado** y utilizamos el miso degradado (plateado) que para el círculo anterior.

A continuación biselaremos el texto. Añadimos el estilo de capa **Bisel y relieve** y configuramos el cuadro de la siguiente forma:

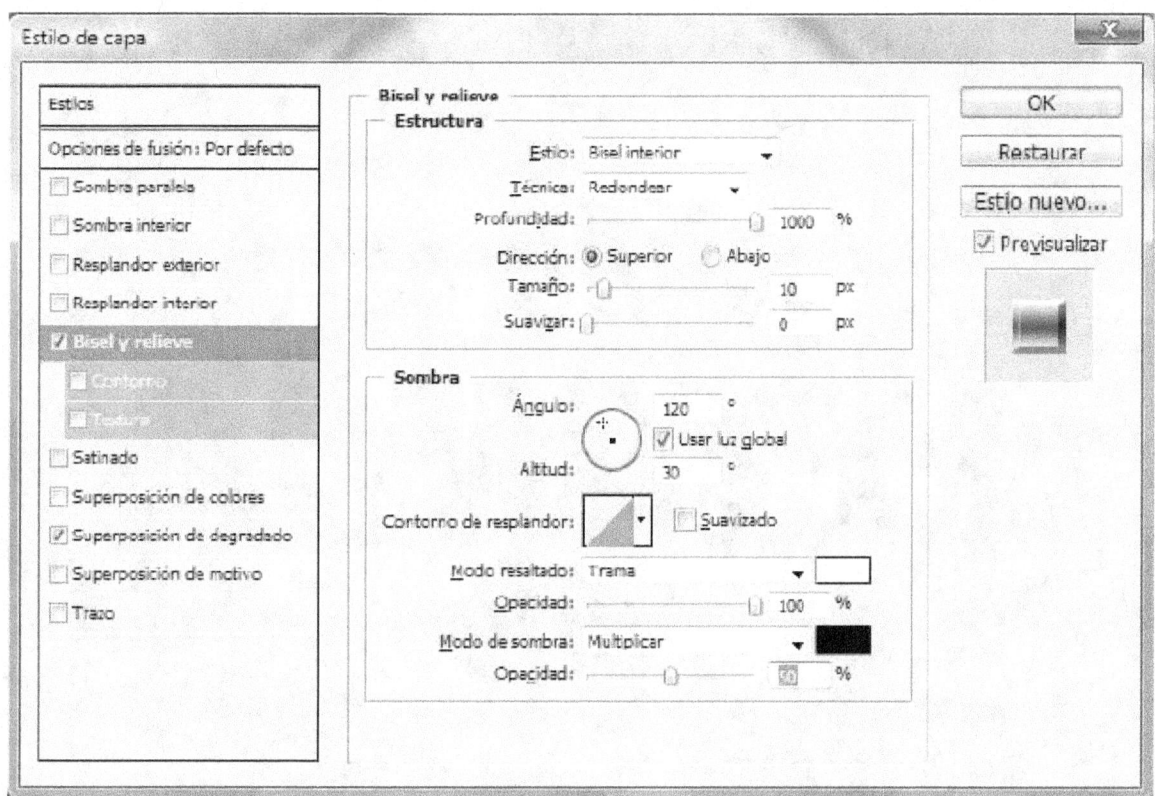

Una vez realizado este estilo de capa, con la ayuda de la tecla control, haremos clic en la capa del texto, para que se nos seleccione. Y una vez hecho esto, contraeremos la selección 6 px.

Selección – Modificar – Contraer

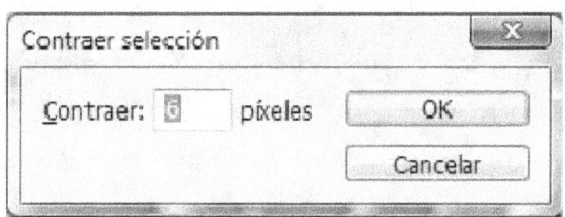

Creamos una nueva capa y rellenaremos la selección con el color negro.

Una vez esto tendremos:

Si además queremos darle un efecto tridimensional, podremos realizar los siguientes pasos:

Ocultaremos la capa **Fondo** para combinar el resto de las capas, con la opción **Combinar visibles**.

Después pulsamos la combinación de teclas **ctrl. + T**, para transformar la selección, con la ayuda de las teclas **Ctrl + Mayús + Alt**, arrastramos hacia arriba el vértice interior derecho, también arrastramos hacia abajo el vértice inferior izquierdo, consiguiendo, algo parecido al de la imagen:

Encogeremos un poco, con el vértice izquierdo central, pues los efectos anteriores acostumbran a distorsionar un poco la imagen, consiguiendo:

COLLAGE DE MARCOS

Lo genial de esta técnica es que la fotografía original no se mueve ni un milímetro y solo se utiliza una imagen.

Empezamos abriendo la foto a la que queremos aplicar el efecto y la dejaremos a un lado de momento, puesto que primero se tendrá que crear la plantilla del marco deshilachado que vamos a utilizar para toda la técnica. Abrimos un documento nuevo de 8 cm de ancho por 3 cm de alto y con la misma resolución que la foto que habíamos abierto con anterioridad. No te preocupes si es muy grande, después lo ajustaremos.

En este documento nuevo, vamos a crear nuestra plantilla, empezaremos creando una capa nueva. A continuación configuraremos los colores frontal y fondo a los colores por defecto, esto lo podemos hacer pulsando la tecla D, y rellenaremos en negro esta capa

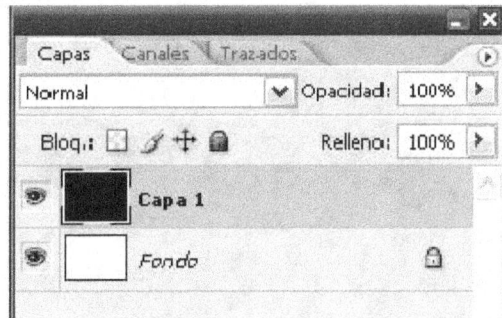

Con la herramienta marco rectangular, crearemos una selección aproximadamente del 75% del documento, según la siguiente imagen:

A continuación activaremos el modo máscara rápida, clicando sobre el botón destinado a ello o bien pulsando la tecla Q, y desde esta, aplicar un filtro a la selección.

 —— Máscara rápida

Fíjate que la zona no seleccionada, se volverá roja:

En el menú **Filtro**, hacemos clic en **Bosquejar** y seleccionamos la opción **Conté Crayon**, conservaremos los ajustes predeterminados y haremos clic en **OK**.

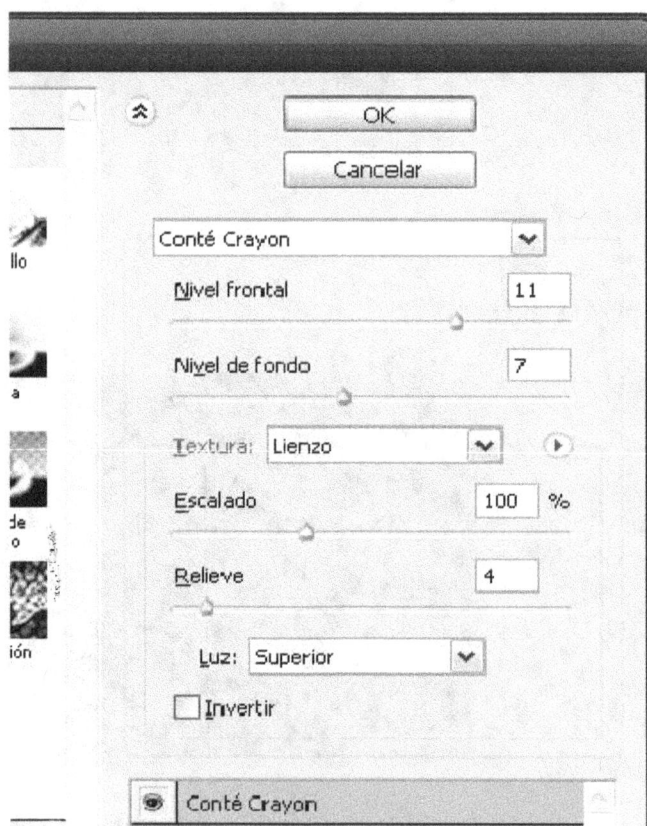

Una sola aplicación de este filtro, no es suficiente para que los bordes queden tan desgarrados como queremos, de manera que la repetiremos cinco veces seguidas con la ayuda de la combinación de tecla **Ctrl + F**, recordemos que esta combinación repite el último filtro aplicado.

Al aplicar el efecto tantas veces, el efecto se aprecia no solo en los bordes, sino también en el centro de la selección. Podremos arreglarlo, para ello, crearemos una selección con la ayuda del marco rectangular, ligeramente por debajo de los bordes deshilachados. A continuación rellenaremos de negro el área seleccionada, **Supr**, ya podremos quitar la selección.

Solo nos faltará salir de la máscara rápida para poder ver nuestra selección con bordes deshilachados.

Seguidamente tendremos que eliminar la zona que rodea el área seleccionada, para ello, invertiremos la selección para seleccionar todo menos la zona central. Pulsaremos la tecla Supr y deseleccionaremos la imagen.

Una vez quitada la selección, ocultaremos la capa fondo, para ello haremos clic en la miniatura del ojo de dicha capa.

Con la tecla **Ctrl** pulsada, haremos clic en el icono de crear una capa nueva, con el fin de añadir una capa, justo debajo de la del borde negro.

Con el marco rectangular, trazaremos una selección algo mayor que la del área del borde negro. Pulsamos la tecla **X** para configurar como blanco el **color frontal**, y rellenamos la selección pulsando la combinación **Alt + Retroceso**. Después quitaremos la selección y Combinaremos las capas visibles utilizando la opción **Combinar visibles**, del menú desplegable de la paleta capas.

A continuación vamos a abrir una ventana en el centro. Activamos la herramienta Marco Rectangular y creamos una selección que quede justo por debajo del borde negro. Pulsamos **supr** y quitamos la selección, tendremos algo así:

Solo nos falta trasladar nuestra imagen a la foto donde queremos realizar el collage, para ello, podremos arrastrar la capa con nuestra composición del marco al otro documento.

También tendremos que cambiar el tamaño para ajustarlo al documento donde queremos realizar el efecto. Podemos utilizar la herramienta de transformación libre, pulsando la combinación **Ctrl + T**.

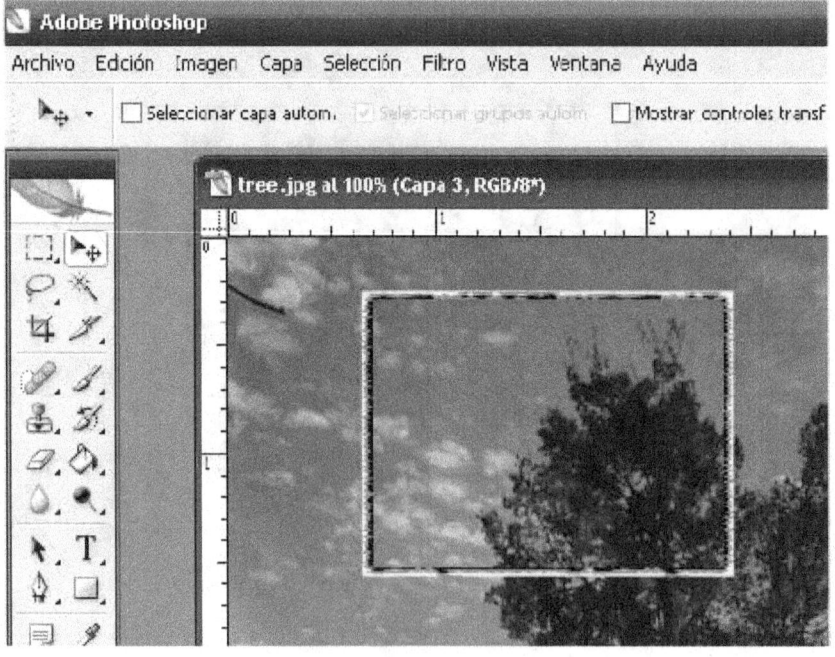

Cambia el nombre de la nueva capa a Plantilla.

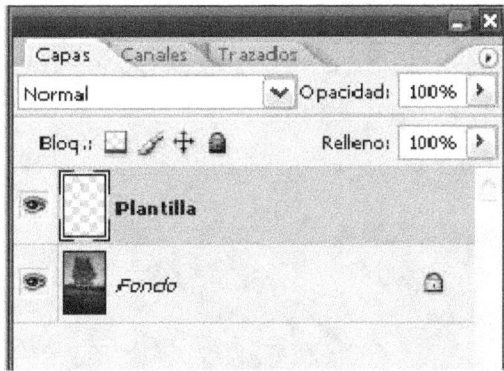

Y crea un duplicado de la capa plantilla justo por encima de la capa Fondo.

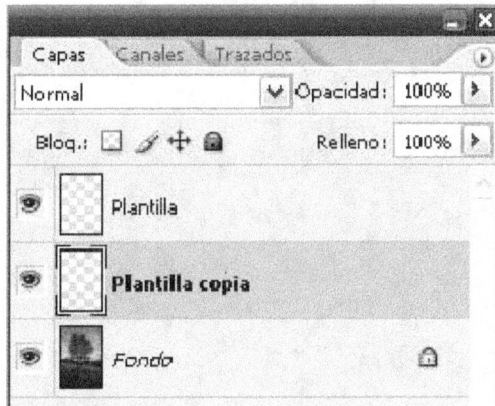

En la paleta capas, hacemos un clic en la capa fondo para convertirla en la capa activa y utilizando la herramienta de selección **marco rectangular,** trazamos una selección que coja la mitad de la parte negra del marco, parecido a los siguiente:

Sin movernos de la capa fondo, pulsamos la combinación de teclas **Ctrl + J** para duplicar la zona seleccionada y trasladarla a otra capa en su misma posición. Haremos clic en la capa Plantilla copia y pulsaremos la combinación de teclas **Ctrl + E**, para combinar hacia abajo el marco y la parte de la copia en una sola capa. Tendremos algo así:

A continuación volveremos a duplicar la capa plantilla, situándola a continuación justo por encima de la capa fondo, igual que antes.

Cada vez que hagamos una copia de la capa plantilla, esta aparecerá siempre en la misma posición, habrá que desplazarla a nueva posición y rotarla para darle este efecto de collage.

Seguidamente, utilizando la herramienta lazo poligonal, trazaremos una selección del interior del marco, recuerda coger una parte de la zona negra.. y volveremos a hacer clic en la capa fondo para pulsar **Ctrl + J** y se vuelva a copiar la imagen en su capa. Iremos repitiendo todos estos pasos hasta conseguir nuestro propósito.

Si ocultamos la capa fondo y mostramos todas las demás, tendremos algo parecido a esto:

Solo nos faltaría crear una capa por encima de la capa fondo y rellenarla de blanco o de negro para conseguir nuestro propósito.

PHOTOSHOP Segunda parte

Acerca de Photoshop

¿Que es Adobe Photoshop y para que sirve?

- Es una aplicación que funciona para la creación y edición de imágenes. Este espacio de trabajo incluye menús y una serie de herramientas y paneles para visualizar, editar y añadir elementos a las imágenes.

- Este programa sirve para trabajar y editar toda clase de imágenes, y nos ayuda a modificar, retocar, deformar, rotar, crear efectos, etc. en cualquier tipo de imágen (fotografía o ilustración). También es un programa que nos permite realizar ciertas aplicaciones gráficas, como Illustrator, pero su función principal es la de trabajar con imágenes.

¿Como iniciamos en Adobe Photoshop?

• Para comenzar a trabajar en el programa se activa la pestaña en el borde superior izquierdo, la cual aparece como "File", al tocar con el mouse sale un desplegado en el cual vamos a hacer click en el primero que es "New".

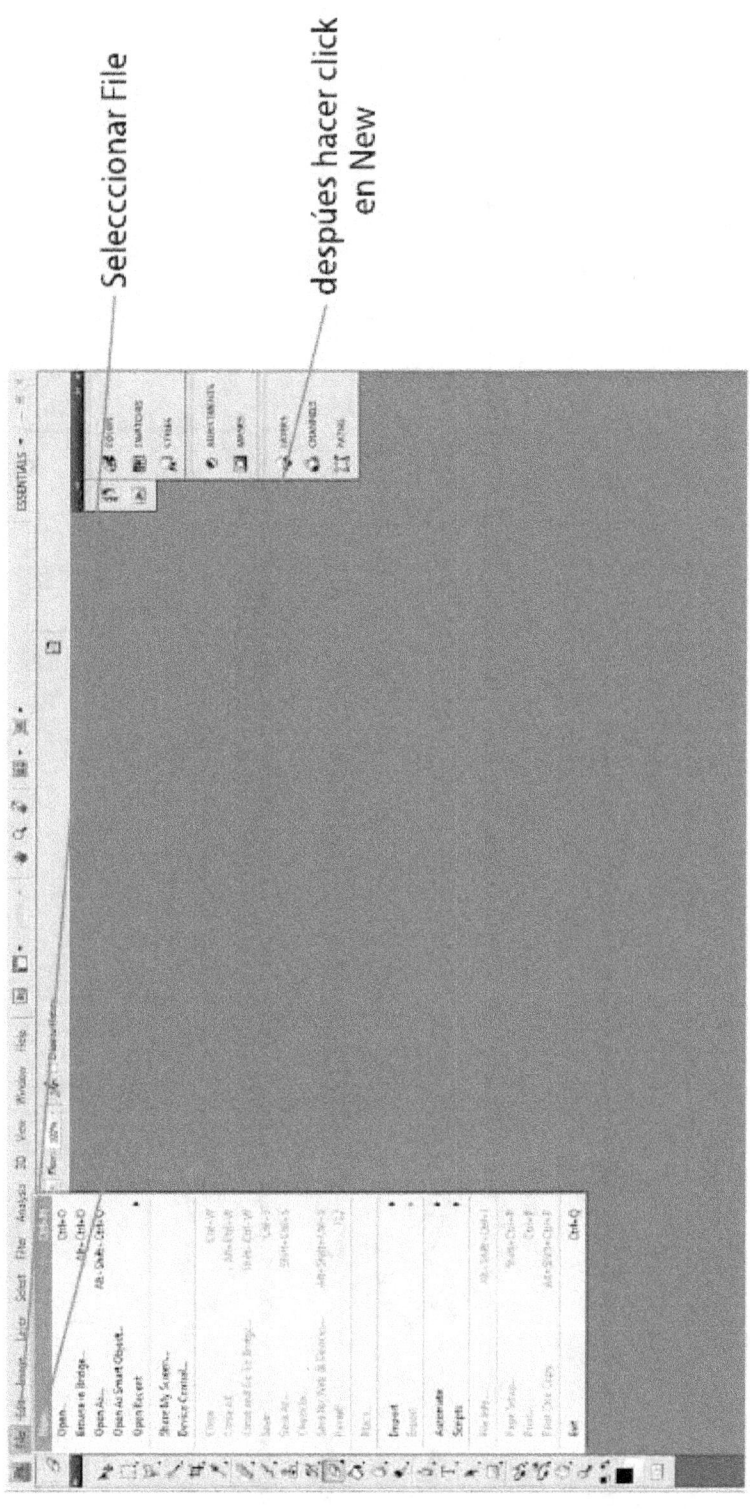

Seleccionar File

despúes hacer click en New

Elegir el área de trabajo

- Siempre que iniciamos un área nueva de trabajo, este programa automáticamente nos muestra este cuadro, en el cual podemos seleccionar el tamaño de nuestra área de trabajo, si queremos que nuestro trabajo tenga nombre, en que unidad de medida trabajamos y modelo de pantalla (resolución).

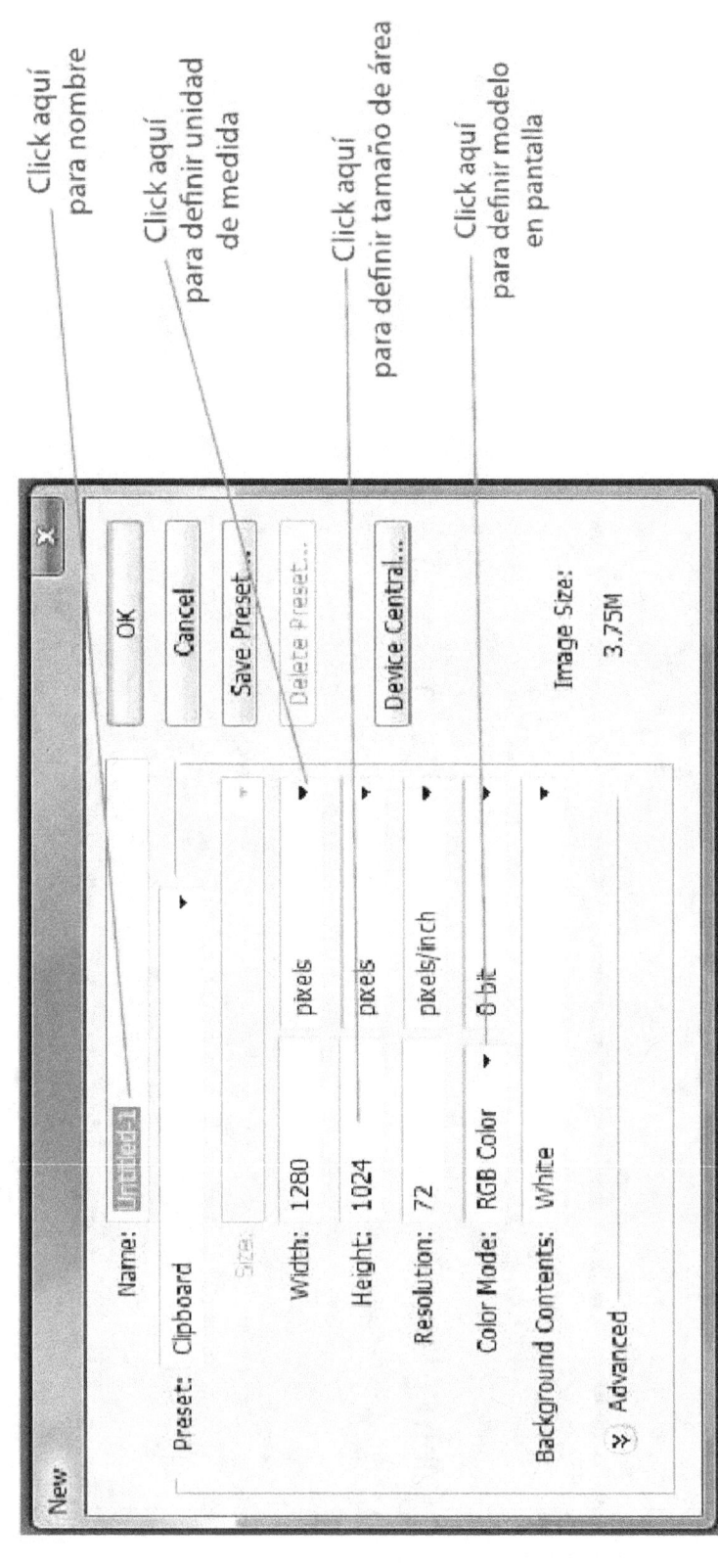

Click aquí para nombre

Click aquí para definir unidad de medida

Click aquí para definir tamaño de área

Click aquí para definir modelo en pantalla

Nueva área de trabajo

- Despúes de haber configurado el área de trabajo, para comenzar a trabajar en Photoshop, la primer pantalla que aparece es esta, nos muestra la hoja en blanco, y las 2 barras más importantes para poder iniciar en el programa (aparecen en el lado izquierdo y derecho de nuestra pantalla.

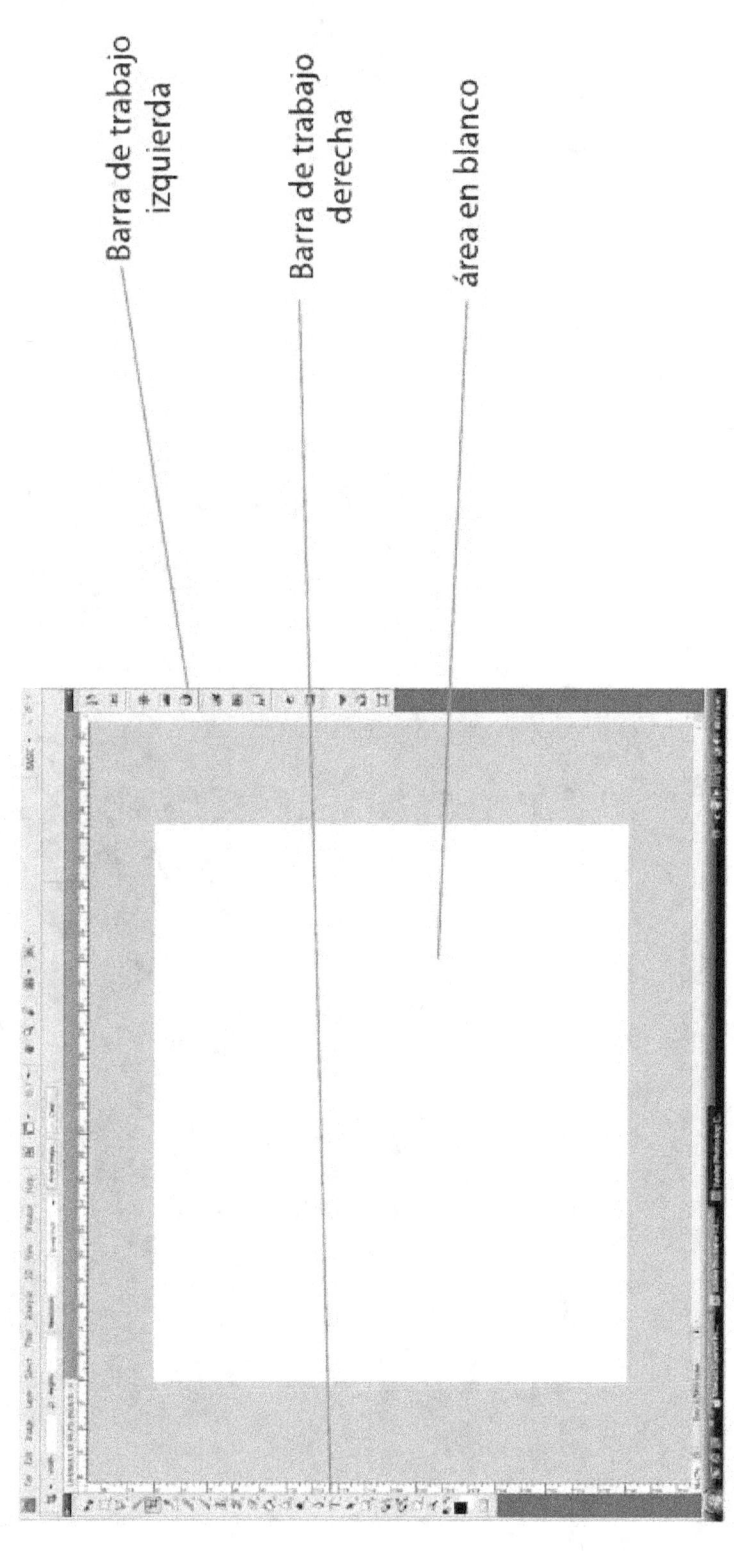

Barra de trabajo izquierda

Barra de trabajo derecha

área en blanco

- Se muestra una descripción más precisa de las áreas de trabajo y barras de aplicaciones.

A. Ventanas de documento
B. Barra de aplicaciones
C. Conmutador de trabajo
D. Barra de título de panel
E. Panel de control
F. Panel de herramientas
G. Botón contraer íconos
H. Cuatro grupos de paneles acoplados verticalmente

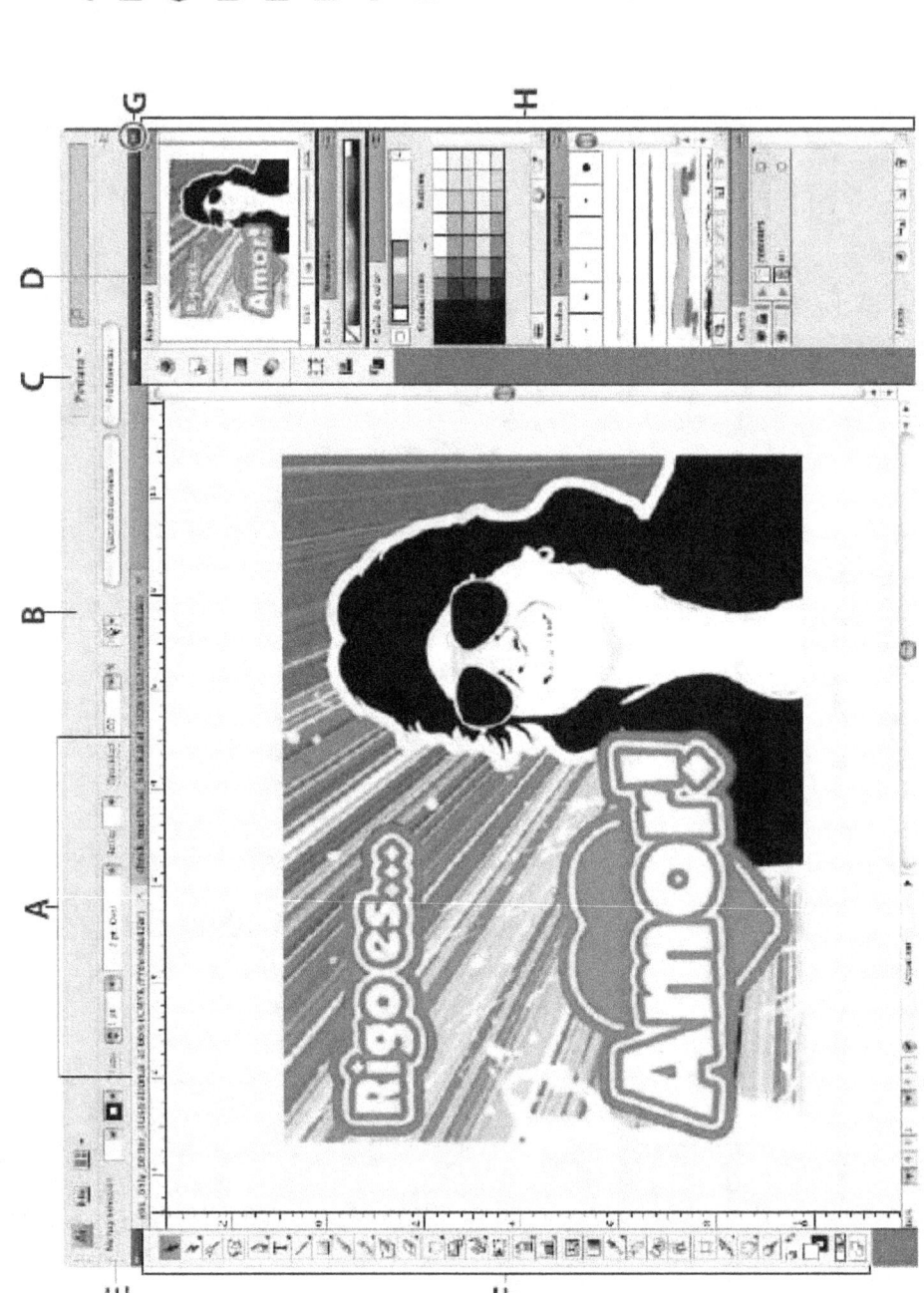

Informe general de panel de Herramientas

A Herramientas de Selección

- Mover
- Marco rectangular
- Marco elíptico
- Marco columna única
- Marco fila única
- Lazo
- Lazo poligonal
- Lazo magnétic
- Selección rápida
- Varita mágica

B Herramientas para cortar y crear sectores

- Recortar (C)
- Sector (C)
- Seleccionar sector (C)

C Herramientas de medida

- Cuentagotas (I)
- Muestra de color (I)
- Regla (I)
- Notas (I)
- Recuento (I)†

D Herramientas para retocar

- Pincel corrector puntual
- Pincel corrector
- Parche
- Pincel de ojos rojos
- Tampón de clonar
- Tampón de motivo
- Borrador
- Borrador de fondos
- Borrador mágico
- Desenfocar, Enfocar, Dedo
- Sobreexponer
- Subexponer
- Esponja

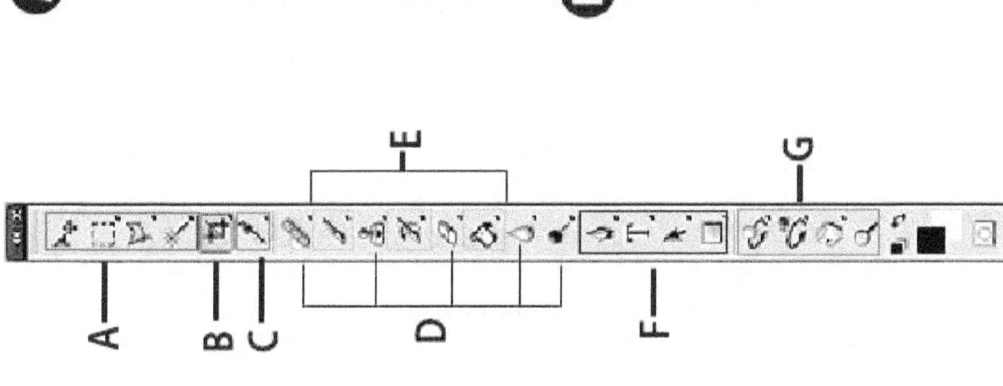

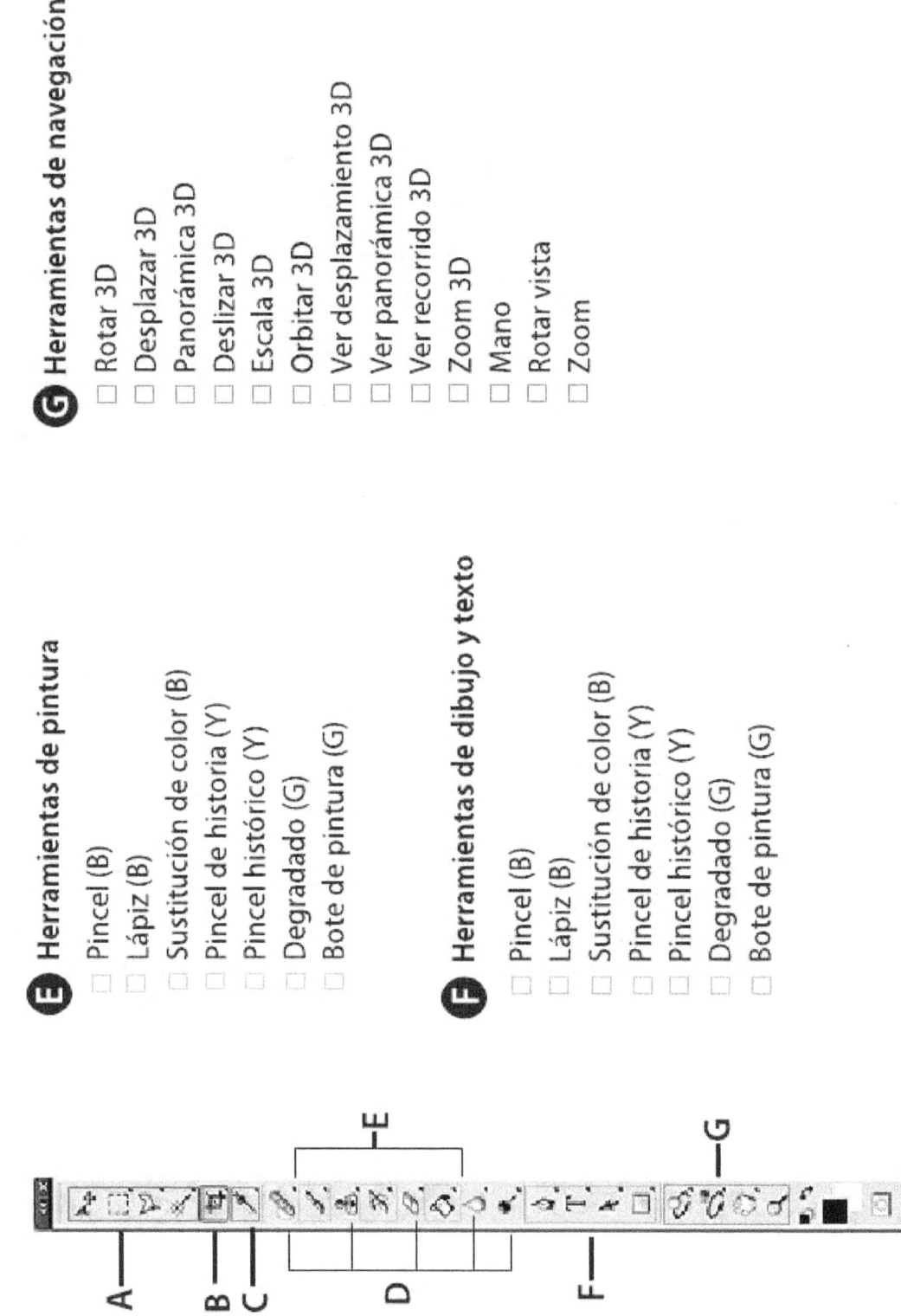

E Herramientas de pintura

- ☐ Pincel (B)
- ☐ Lápiz (B)
- ☐ Sustitución de color (B)
- ☐ Pincel de historia (Y)
- ☐ Pincel histórico (Y)
- ☐ Degradado (G)
- ☐ Bote de pintura (G)

F Herramientas de dibujo y texto

- ☐ Pincel (B)
- ☐ Lápiz (B)
- ☐ Sustitución de color (B)
- ☐ Pincel de historia (Y)
- ☐ Pincel histórico (Y)
- ☐ Degradado (G)
- ☐ Bote de pintura (G)

G Herramientas de navegación

- ☐ Rotar 3D
- ☐ Desplazar 3D
- ☐ Panorámica 3D
- ☐ Deslizar 3D
- ☐ Escala 3D
- ☐ Orbitar 3D
- ☐ Ver desplazamiento 3D
- ☐ Ver panorámica 3D
- ☐ Ver recorrido 3D
- ☐ Zoom 3D
- ☐ Mano
- ☐ Rotar vista
- ☐ Zoom

Galería de herramientas

- Este programa proporciona numerosas herramientas para crear y manipular las imágenes. Estas galerías ofrecen onformación rápida y visual de cada herramienta.

La herramienta Selección rápida le permite "pintar" rápidamente una selección mediante una punta de pincel redonda ajustable

Las herramientas de lazo realizan selecciones a mano alzada, poligonales (rectilíneas) y magnéticas (ajustables).

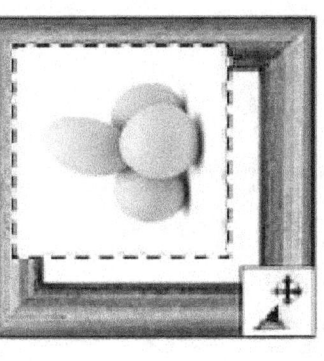

La herramienta Mover mueve selecciones, capas y guías.

Las herramientas de marco realizan selecciones rectangulares, elípticas, de fila única y de columna única.

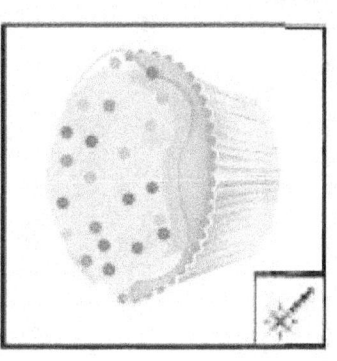

La herramienta Varita mágica selecciona áreas de colores similares.

Herramientas de Photoshop

- El panel de herramientas aparece a la izquierda de la pantalla. Esta barra nos permite crear, seleccionar y manipular imágenes en el programa. Algunas herramientas disponen de opciones que aparecen al hacer doble click en una de ellas. Entre ellas se incluyen herramientas que permiten usar texto, seleccionar pintar, mover, borrar, editar y rotar objetos e imágenes.

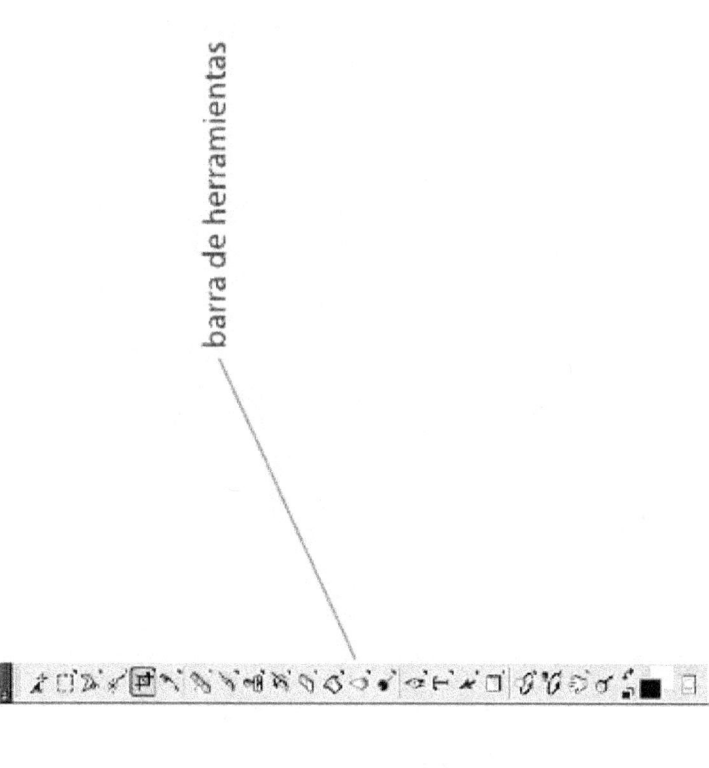

barra de herramientas

Galería de herramientas para cortar y crear sectores

- Este programa proporciona numerosas herramientas para cortar y modificar imágenes.

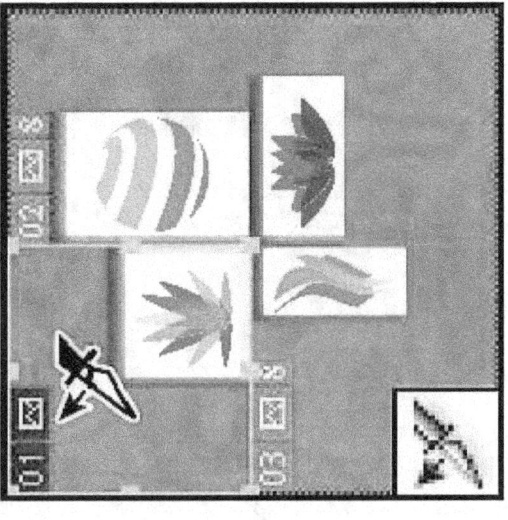

La herramienta Seleccionar sector selecciona sectores.

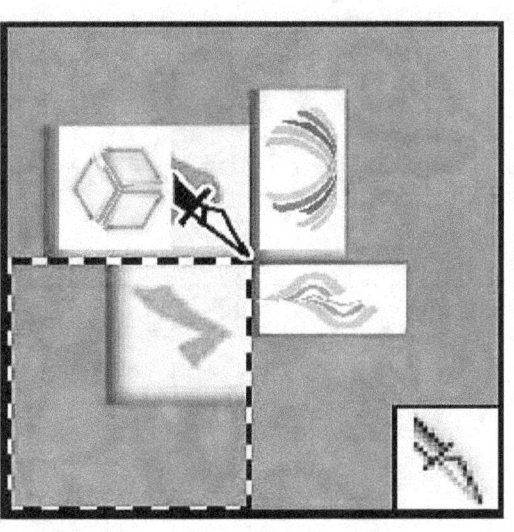

La herramienta Sector crea sectores.

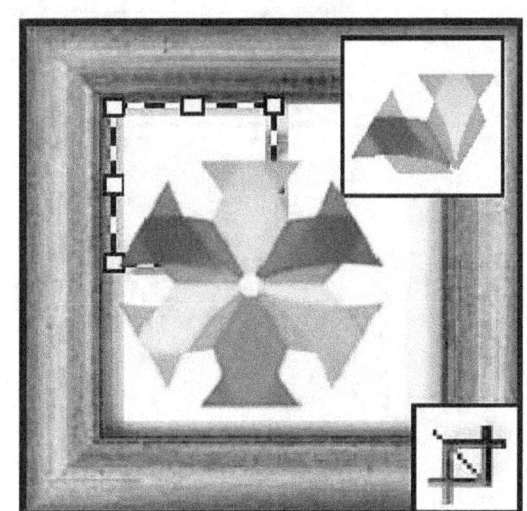

La herramienta Recortar separa imágenes.

Galería de herramientas de retoque

- Photoshop proporciona las siguientes herramientas para retoque de imágen:

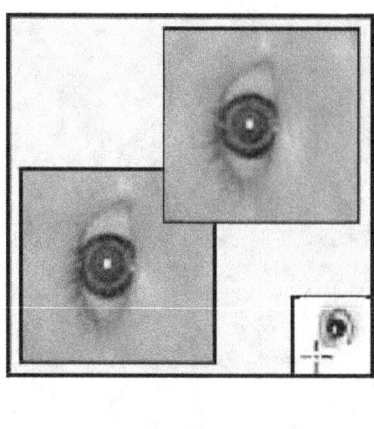

La herramienta Pincel corrector puntual
elimina taras y objetos

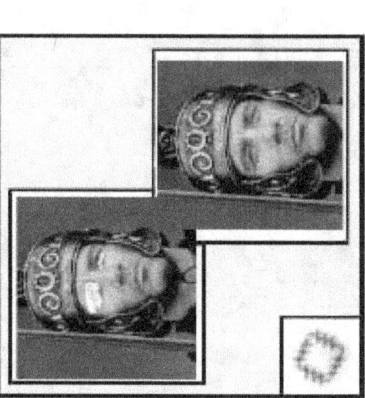

La herramienta Pincel corrector pinta con una
muestra o motivo para reparar las imperfecciones
de una imagen.

La herramienta Parche repara
las imperfecciones del área seleccionada
en una imagen utilizando una muestra o motivo.

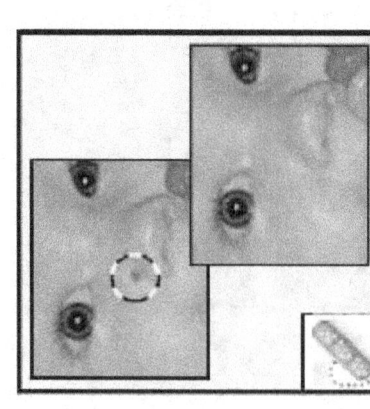

La herramienta Pincel de ojos rojos elimina
el reflejo rojo del flash.

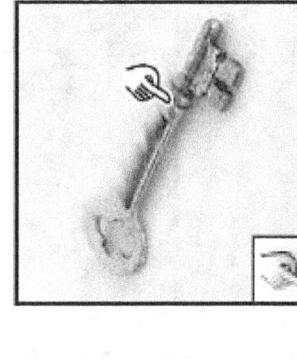

La herramienta Borrador de fondos borra áreas y las deja transparentes con tan sólo arrastrar.

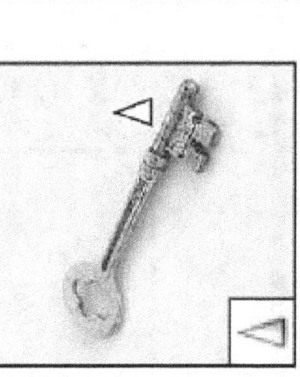

La herramienta Dedo difumina partes de una imagen.

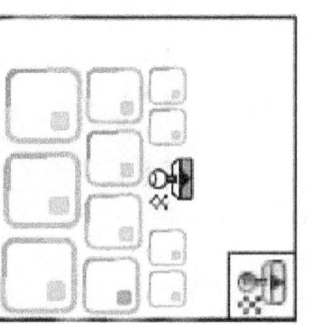

La herramienta Borrador borra píxeles y restaura partes de la imagen a un estado guardado previamente.

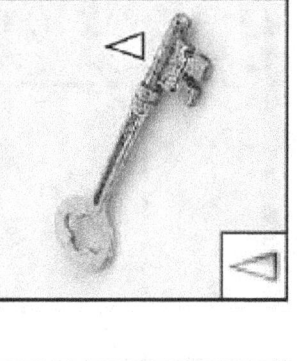

La herramienta Enfocar enfoca los bordes suaves de una imagen.

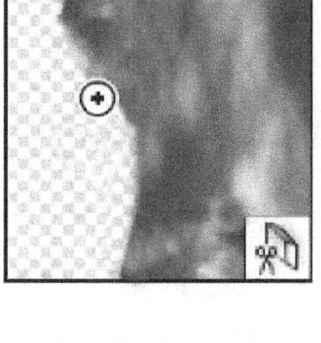

La herramienta Tampón de motivo pinta tomando una parte de la imagen como motivo.

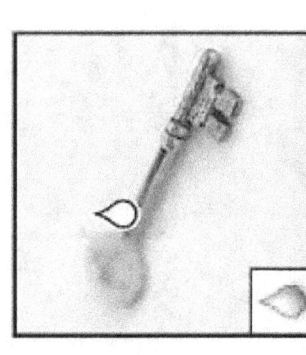

La herramienta Desenfocar suaviza los bordes duros de la imagen.

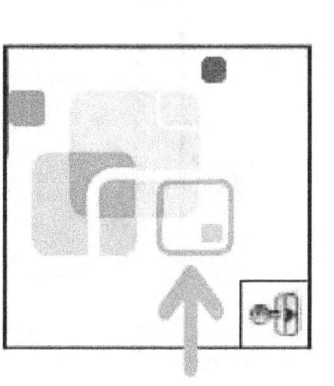

La herramienta Tampón de clonar pinta con una muestra de la imagen.

La herramienta Borrador mágico borra áreas con colores uniformes y las deja transparentes con tan sólo hacer clic.

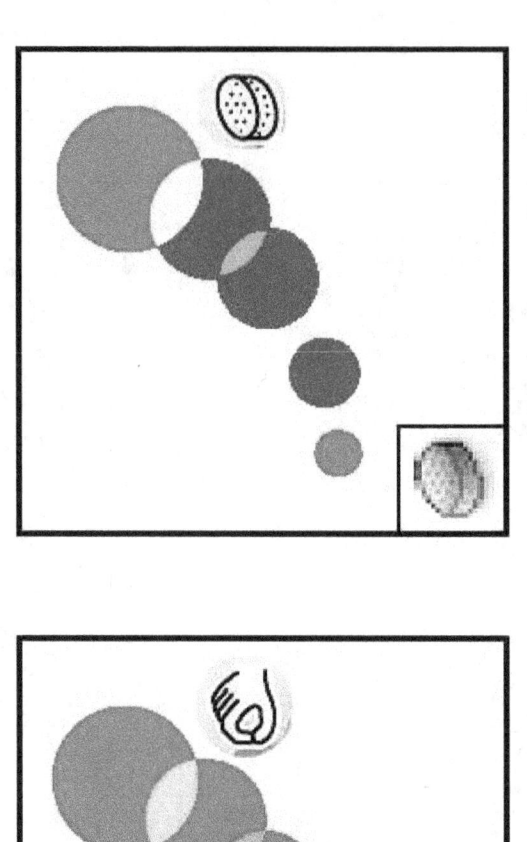

La herramienta Esponja cambia la saturación de color de un área.

La herramienta Subexponer oscurece áreas de una imagen.

La herramienta Sobreexponer aclara áreas de una imagen.

Galería de herramientas de pintura

- Este programa nos muestra las siguientes herramientas para trabajar con pintura:

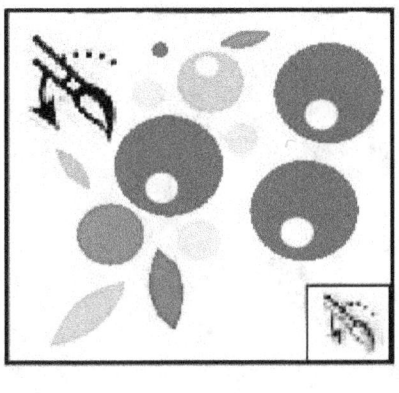

La herramienta Pincel pinta trazos de pincel

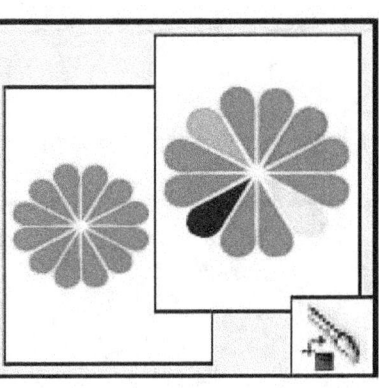

La herramienta Lápiz pinta líneas con bordes duros.

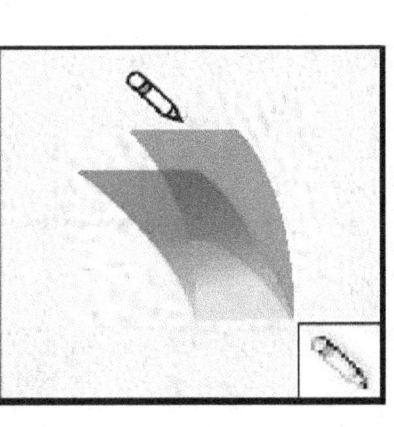

La herramienta Sustitución de color sustituye un color seleccionado por uno nuevo.

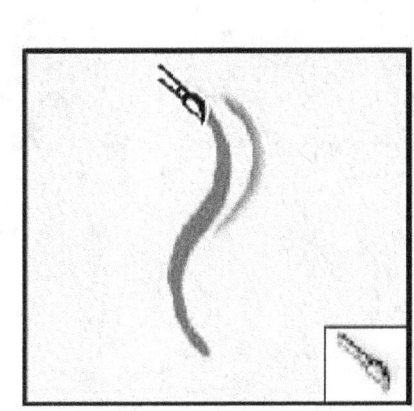

La herramienta Pincel de historia pinta una copia del estado o la instantánea seleccionada en la ventana de la imagen actual.

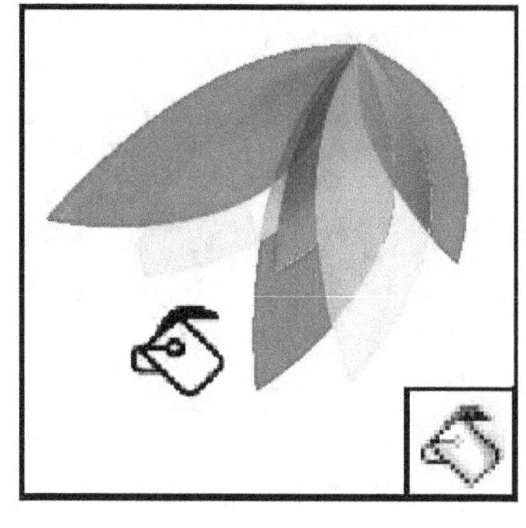

La herramienta Bote de pintura rellena áreas de colores similares con el color frontal.

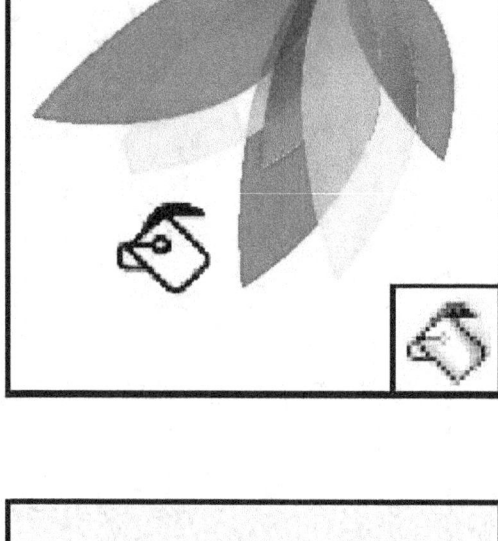

Las herramientas de degradado crean fusiones rectilíneas, radiales, angulares, reflejadas y de diamante entre colores.

La herramienta Pincel histórico pinta con trazos estilizados que simulan el aspecto de diferentes estilos de pintura utilizando el estado o la instantánea seleccionados.

Galería de herramientas de dibujo y texto

- Photoshop proporciona las siguientes herramientas para dibujo y texto:

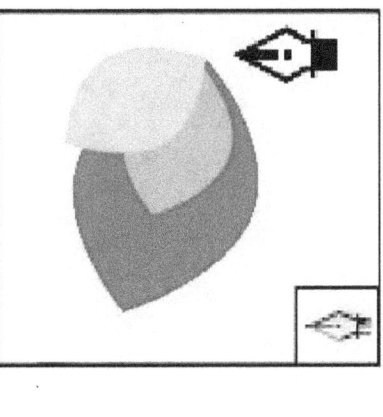

Las herramientas de pluma dibujan trazados de borde suaves

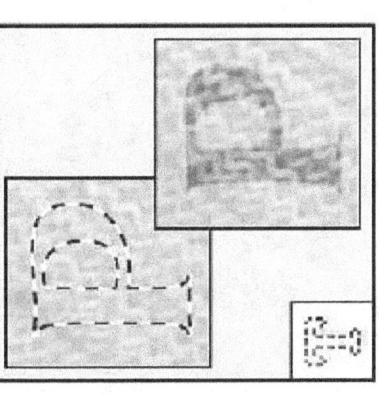

Las herramientas de máscara de texto crean una selección en forma de texto

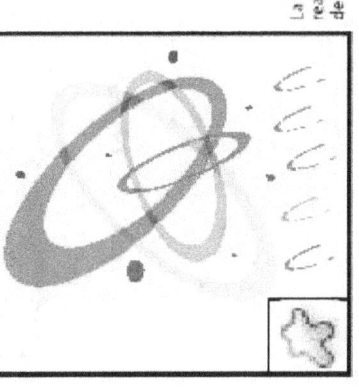

La herramienta Forma personalizada realiza formas personalizadas seleccionadas de una lista de formas personalizadas.

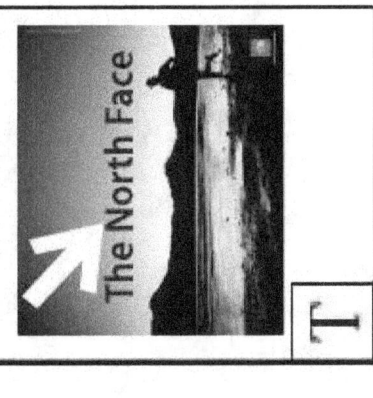

Las herramientas de texto insertan texto en una imagen.

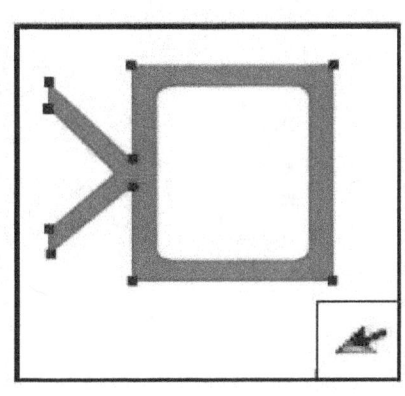

Las herramientas de selección de trazado realizan selecciones de formas o segmentos y muestran los puntos de ancla, las líneas de dirección y los puntos de dirección.

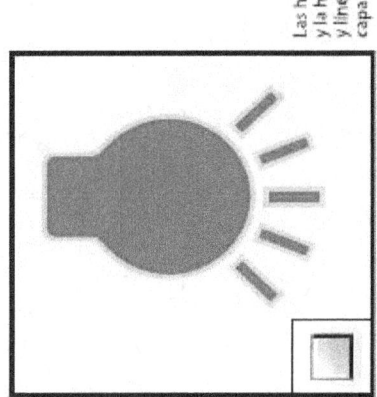

Las herramientas de forma y la herramienta Línea dibujan formas y líneas en una capa normal o en una capa de formas.

Uso de una herramienta

- Haga clic en una herramienta del panel Herramientas. Si hay un pequeño triángulo en la esquina inferior derecha de la herramienta, mantenga pulsado el botón del ratón para ver las herramientas ocultas. A continuación, haga clic en la herramienta que desea seleccionar.

  Pulse el método abreviado de teclado de la herramienta. El método abreviado aparece en la información de la herramienta. Por ejemplo, puede seleccionar la herramienta Mover pulsando la tecla V. Para cambiar temporalmente de herramienta, mantenga pulsada una tecla de acceso rápido. Al soltar la tecla de acceso rápido, Photoshop volverá a activar la herramienta que estaba utilizando previamente.

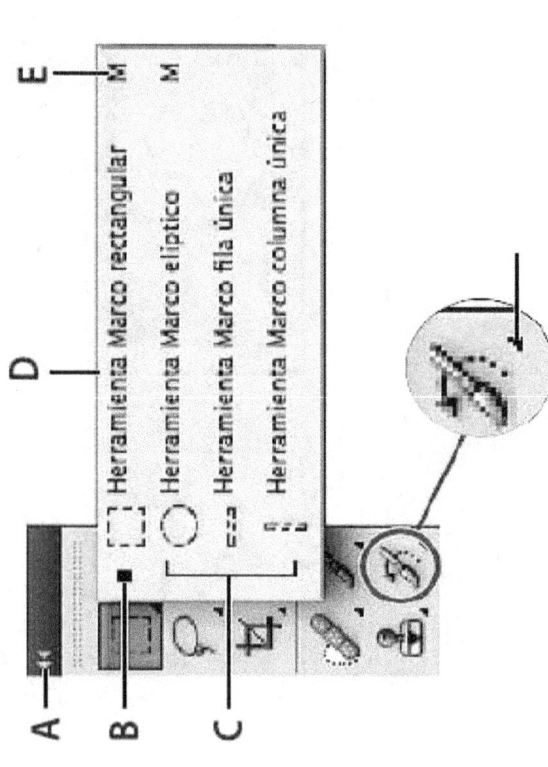

Herramientas de selección

A. Panel Herramientas

B. Herramienta activa

C. Herramientas ocultas

D. Nombre de la herramienta

E. Método abreviado de la herramienta

F. Triángulo de herramienta oculta

Utilización del panel Navegador

- Utilice el panel Navegador para cambiar con rapidez la vista de la ilustración utilizando una visualización en miniatura. El cuadro coloreado del navegador (denominado área de previsualización) corresponde al área visible actualmente en la ventana.

Realice una o varias de las acciones siguientes:

Para que se muestre el panel Navegador, seleccione Ventana > Navegador. Para cambiar el aumento, escriba un valor en el cuadro de texto, haga clic en el botón Reducir o Aumentar, o arrastre el control de zoom.

- **Espacio de trabajo**

Para mover la vista de una imagen, arrastre el área de previsualización en la miniatura de la imagen. También puede hacer clic en la miniatura de la imagen para designar el área visible.

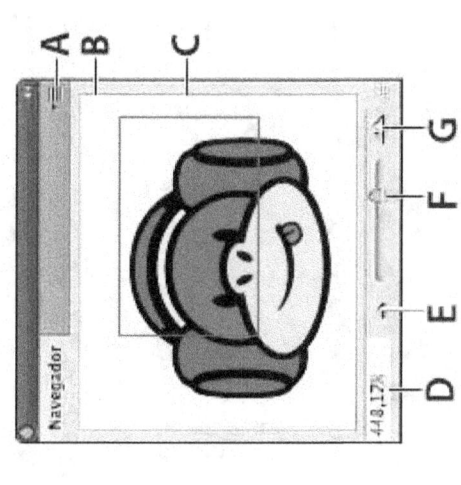

Panel Navegador

A. Botón del menú del panel

B. Visualización en miniatura de una ilustración

C. Área de previsualización

D. Cuadro de texto de Zoom

E. Botón Reducir

F. Control de zoom

G. Botón Aumentar

Galería de herramientas de símbolo

- Utilice la herramienta Zoom o los comandos del menú Ver para aumentar o reducir una imagen. Al utilizar la herramienta Zoom, cada clic amplía o reduce la imagen al siguiente porcentaje preestablecido y centra la imagen alrededor del punto en el que se ha hecho clic. Para ampliaciones superiores al 500%, la cuadrícula de píxeles se hace visible. Cuando la imagen ha alcanzado el nivel máximo de aumento de 3200% o el tamaño mínimo de 1 píxel, la lupa aparece vacía.

- **Realice una de las siguientes acciones:**

  Seleccione la herramienta Zoom y haga clic en el botón Aumentar o Reducir de la barra de opciones. A continuación, haga clic en el área que desee ampliar o reducir.

  Seleccione la herramienta Zoom. El puntero se convierte en una lupa con un signo más en el centro. Haga clic en el centro del área que desee ampliar. Mantenga pulsada la tecla Alt (Windows) u Opción (Mac OS) y haga clic en el centro del área que desee reducir.

  Seleccione la herramienta Zoom y haga clic en la imagen y mantenga pulsado el botón para conseguir un aumento suave y continuo. Pulse Alt (Windows) u Opción (Mac OS) y haga clic y mantenga pulsado para aumentar de manera continua.

Coincidencia del zoom y la ubicación en las imágenes

- Abra una o varias imágenes, o distintas copias de una sola imagen.
- Seleccione Ventana > Organizar > Segmentar.
- Seleccione Ventana > Organizar > Coincidir todo.

Seleccione la herramienta Zoom o la herramienta Mano.

Seleccione una de las imágenes, mantenga pulsada la tecla Mayús y haga clic en un área de la imagen o arrástrela.
Las otras imágenes muestran el mismo porcentaje de aumento y se ajustan al área donde ha hecho clic.

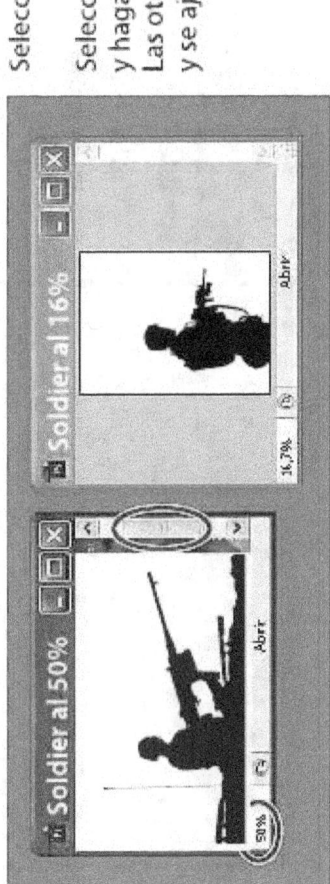

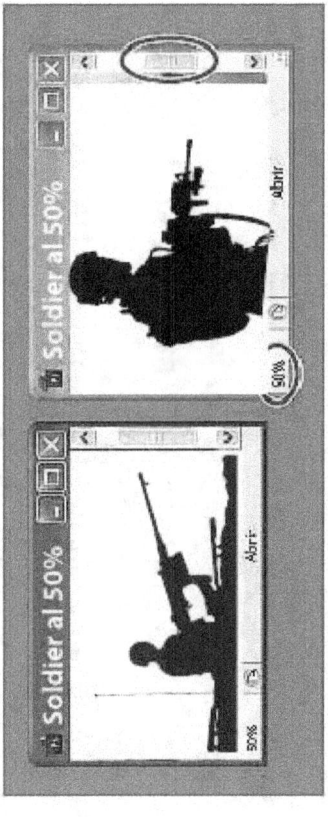

Visualización de la información de archivo en la ventana de documento

● La barra de estado, situada en la parte inferior de la ventana de documento, muestra información útil, como el aumento actual y el tamaño de archivo de la imagen activa, e instrucciones breves acerca del uso de la herramienta activa. La barra de estado también muestra información de Version Cue si está activado.

Haga clic en el triángulo situado en el borde inferior de la ventana de documento.

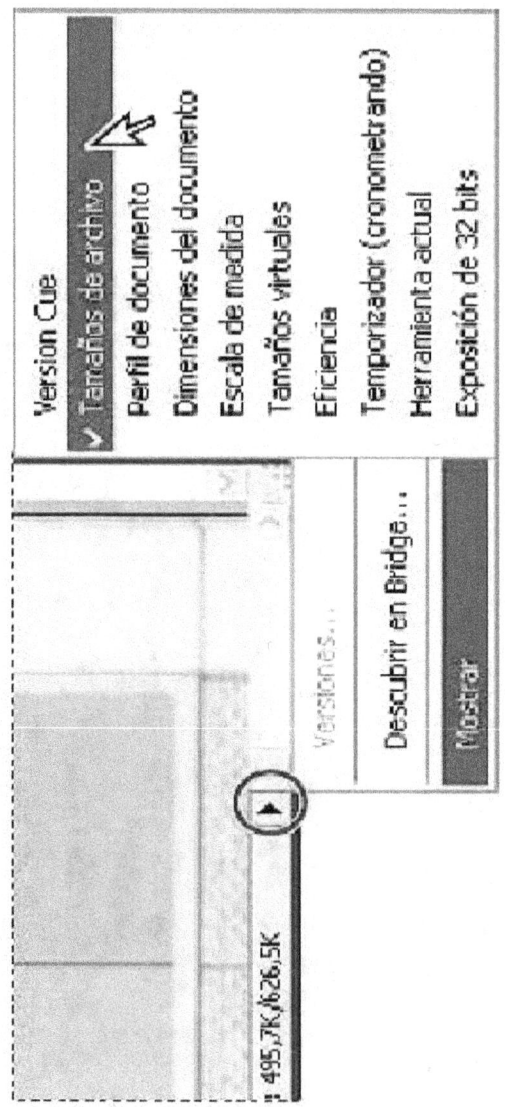

Opciones de visualización de información sobre el archivo cuando Version Cue está activado

Panel de información

- **Tamaños de archivo** Muestra información sobre el volumen de datos de la imagen. El número de la izquierda representa el tamaño de impresión de la imagen, aproximadamente el tamaño del archivo guardado y acoplado en Espacio de trabajo formato Photoshop. El número de la derecha muestra el tamaño aproximado del archivo, incluidos los canales y las capas.

- **Perfil de documento** Muestra el nombre del perfil de color utilizado en la imagen.

- **Dimensiones del documento** Muestra las dimensiones de la imagen.

- **Tamaños virtuales** Muestra información sobre la cantidad de RAM y de disco virtual utilizados para procesar la imagen. El número de la izquierda representa la cantidad de memoria actualmente utilizada por el programa para mostrar todas las imágenes abiertas. El número de la derecha representa la cantidad total de RAM disponible para procesar las imágenes.

- **Eficiencia** Muestra el porcentaje de tiempo utilizado para llevar a cabo una operación en lugar de leer o escribir en el disco virtual. Si el valor es inferior al 100%, Photoshop está utilizando el disco de memoria virtual y, por tanto, el funcionamiento es más lento.

- **Temporizador** Muestra la cantidad de tiempo que se tardó en completar la última operación.

- **Herramienta actual** Muestra el nombre de la herramienta activa.

- **Escala de medida** Muestra la escala del documento.

- El panel Información muestra información de archivo sobre una imagen, además de información sobre los valores de color conforme mueve el puntero de una herramienta sobre una imagen. Si desea ver información conforme arrastra el cursor por la imagen, asegúrese de que el panel Información esté visible en el espacio de trabajo.

- **Cambio de las opciones del panel Información**
  Haga clic en el triángulo situado en la esquina superior derecha para abrir el menú del panel Información y seleccione Opciones de panel.

En el cuadro de diálogo Opciones del panel Información, en Primer informe de color, seleccione una de las siguientes opciones de visualización:

Color real Muestra los valores del modo de color actual de la imagen.

Color de prueba Muestra los valores del espacio de color de salida de la imagen. Un modo de color Muestra los valores de color en ese modo de color.

Tinta total Muestra el porcentaje total de toda la tinta CMYK existente en la ubicación actual del puntero, según el conjunto de valores del cuadro de diálogo Ajustes CMYK.
Opacidad Muestra la opacidad de la capa actual. Esta opción no puede aplicarse al fondo.

Reglas, cuadrícula y guías

Acerca de las reglas

Las reglas le ayudan a colocar imágenes o elementos de forma precisa. Cuando están visibles, las reglas aparecen a lo largo de la parte superior y a la izquierda de la ventana activa. Las marcas de la regla muestran la posición del puntero cuando lo mueve. Cambiar el origen de la regla (la marca (0, 0) en las reglas superior e izquierda) le permite medir desde un punto específico de la imagen. El origen de la regla también determina el punto de origen de la cuadrícula.

Para mostrar u ocultar reglas, seleccione Vista > Reglas.

Colocación con la herramienta Regla

La herramienta Regla le ayuda a colocar imágenes o elementos de forma precisa. La herramienta Regla calcula la distancia entre dos puntos del espacio de trabajo. Cuando mide de un punto a otro, se dibuja una línea que no se imprime, y la barra de opciones y el panel Información muestran la siguiente información:

La posición inicial (X e Y)

Las distancias horizontal (An) y vertical (Al) recorridas desde los ejes x e y

El ángulo medido en relación al eje (A)

La longitud total recorrida (D1)

Las dos longitudes recorridas (D1 y D2) al utilizar un transportador

Todas las mediciones excepto la del ángulo se calculan en la unidad de medición actualmente definida en el cuadro de diálogo de la preferencia Unidades y reglas.

Colocación con guías y la cuadrícula

- Las guías y la cuadrícula le ayudan a colocar imágenes o elementos de forma precisa. Las guías aparecen como líneas en la imagen, pero no se imprimen. Puede mover y quitar guías. También puede bloquearlas para que no se muevan por descuido. La cuadrícula resulta útil para disponer elementos simétricamente. La cuadrícula aparece por defecto como líneas que no se imprimen pero que pueden visualizarse como puntos.
  Las guías y las cuadrículas se comportan de manera similar:

- Las selecciones, los bordes de selección y las herramientas se ajustan a la guía o a la cuadrícula cuando se arrastran dentro de 8 píxeles en pantalla (no de imagen). Las guías también se ajustan a la cuadrícula cuando se mueven. Esta opción puede activarse y desactivarse.
- El espaciado de la guía, junto con la visibilidad y el ajuste de la guía y la cuadrícula, es específico de cada imagen.
- El espaciado de la guía, junto con el color y el estilo de la guía y la cuadrícula, es el mismo en todas las imágenes.

Colocación de una guía

- Seleccione Vista > Reglas, si las reglas no están visibles.
  Nota: para obtener las lecturas más exactas, visualice la imagen con un aumento del 100% o utilice el panel Información.

Realice una de las siguientes acciones para crear una guía:

Seleccione Vista > Guía nueva. En el cuadro de diálogo, seleccione la orientación Horizontal o Vertical, introduzca una posición y haga clic en OK. Arrastre desde la regla horizontal para crear una guía horizontal.

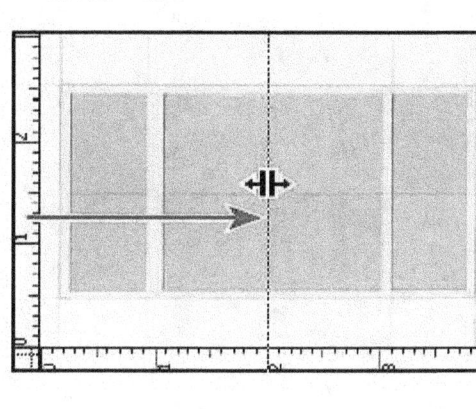

Para crear una guía horizontal, mantenga pulsada la tecla Alt (Windows) y arrastre desde la regla vertical.

Para crear una guía vertical, arrastre desde la regla vertical.

Uso del ajuste

- La función de ajustar ayuda a colocar de manera precisa bordes de selección, marcos de recorte, sectores, formas y trazados. Sin embargo, a veces la función de ajustar impide colocar los elementos correctamente. Puede activarlo o desactivarlo mediante el comando Ajustar. También puede especificar diferentes elementos para ajustar cuando el comando esté activado.

- **Especificación de los elementos a los que desea ajustar**

Seleccione Vista > Ajustar a y, a continuación, elija una o varias opciones del submenú.

Guías Se ajusta a las guías.

Cuadrícula Se ajusta a la cuadrícula. No podrá seleccionar esta opción cuando la cuadrícula esté oculta.

Capas Se ajusta al contenido de la capa.

Sectores Se ajusta a los límites de sectores. No podrá seleccionar esta opción cuando los sectores estén ocultos.

Límites del documento Se ajusta a los bordes del documento.

Todo Selecciona todas las opciones de Ajustar a.

Ninguno Deselecciona todas las opciones de Ajustar a.

Trabajo con el panel Historia

● Puede utilizar el panel Historia para ir a cualquier estado reciente de la imagen creado durante la sesión de trabajo actual. Cada vez que aplica un cambio a una imagen, el nuevo estado de esa imagen se añade al panel. Por ejemplo, si selecciona, pinta y gira parte de una imagen, cada uno de estos estados aparece de forma independiente en la lista del panel. Al seleccionar uno de los estados, la imagen adopta el aspecto que tenía cuando se aplicó el cambio por primera vez. Ahora ya puede trabajar desde ese estado. También puede utilizar el panel Historia para eliminar estados de imagen y, en Photoshop, para crear un documento a partir de un estado o instantánea.

Para mostrar el panel Historia, seleccione Ventana > Historia o haga clic en la ficha del panel Historia.

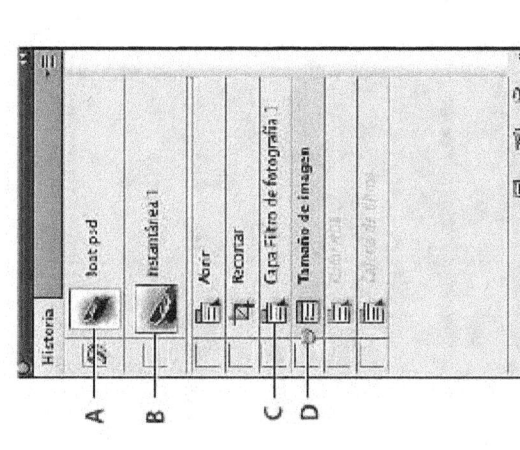

Panel Historia de Photoshop

A. Define el origen del pincel de historia.

B. Miniatura de una instantánea

C. Estado de historia

D. Regulador de estado de historia

Efectos con el panel Historia

- Al utilizar el panel Historia, tenga en cuenta lo siguiente:
  Los cambios que afectan a todo el programa, como cambios en los paneles, ajustes de color, acciones y preferencias, no se reflejan en el panel Historia porque no son cambios que afecten a una imagen determinada.
  Por defecto, el panel Historia muestra los últimos 20 estados. Puede cambiar el número de estados recordados definiendo una preferencia. Los estados más antiguos se eliminan automáticamente para liberar memoria en Photoshop. Para conservar un estado concreto durante toda la sesión de trabajo, realice una instantánea de él.

- Después de cerrar y volver abrir el documento, todos los estados e instantáneas de la última sesión de trabajo desaparecen del panel.
  Por defecto, aparece una instantánea del estado inicial del documento en la parte superior del panel.

- Los estados se van añadiendo a la parte inferior de la lista. Es decir, el último estado se encuentra en la parte superior de la lista y el más reciente, en la parte inferior.

- Cada estado aparece enumerado con el nombre de la herramienta o comando utilizado para modificar la imagen.
  Por defecto, al seleccionar un estado, los estados situados por debajo aparecen atenuados. De esta forma se ven claramente los cambios que se descartarán si continúa trabajando desde el estado seleccionado.
  Por defecto, al seleccionar un estado y, a continuación, cambiar la imagen, se eliminan todos los estados posteriores.
  Si selecciona un estado y, a continuación, modifica la imagen, eliminando los estados posteriores, puede utilizar el comando Deshacer para deshacer el último cambio y restaurar los estados eliminados.

Apertura e importación de imágenes

- Adobe® Photoshop® CS4 puede abrir e importar numerosos tipos de archivos gráficos. Para trabajar de forma eficaz, es preciso comprender los conceptos básicos relacionados con las imágenes, así como los procedimientos para adquirir e importar imágenes y cambiar su tamaño.

- **Acerca de las imágenes de mapa de bits**

  Las imágenes de mapas de bits, denominadas técnicamente imágenes rasterizadas, utilizan una cuadrícula rectangular de elementos de imagen (píxeles) para representar imágenes. A cada píxel se le asigna una ubicación y un valor de color específicos. Al trabajar con imágenes de mapa de bits, se editan los píxeles, en lugar de los objetos o las formas. Las imágenes de mapa de bits son el medio electrónico más usado para las imágenes de tono continuo, como fotografías o pinturas digitales, puesto que pueden representar de manera más eficaz degradados sutiles de sombras y color.

Importación de imágenes

- Las imágenes de mapas de bits a veces requieren grandes cantidades de espacio de almacenamiento y a menudo se tienen que comprimir para conservar pequeños los tamaños de archivo cuando se utilizan en determinados componentes de Creative Suite. Por ejemplo, los archivos de imagen se comprimen en su aplicación original antes de su importación a un diseño.

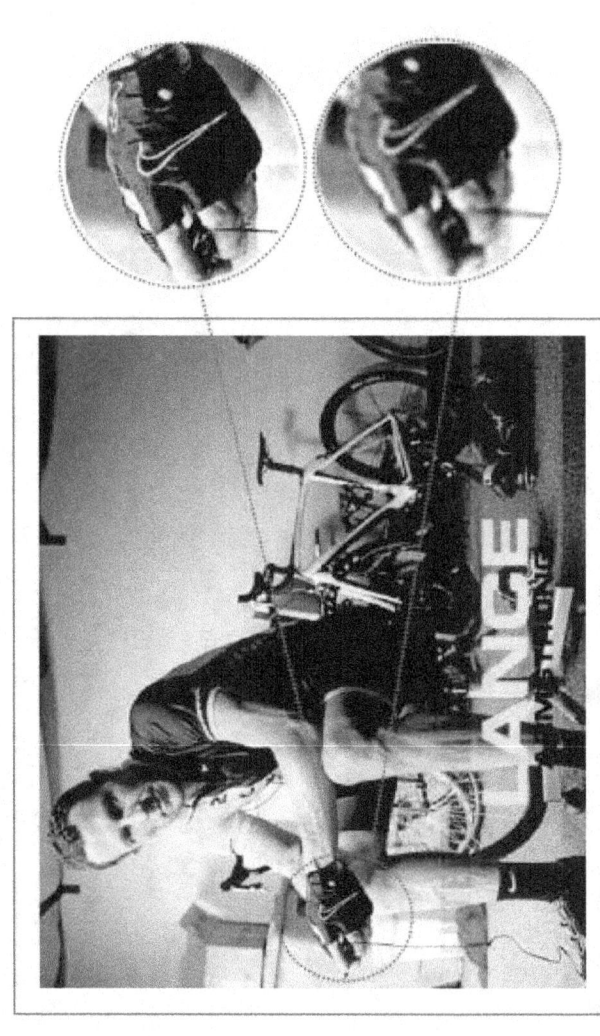

Ejemplo de una imagen de mapa de bits con diferentes niveles de ampliación

Acerca de los gráficos vectoriales

- Los gráficos vectoriales (a veces denominados formas vectoriales u objetos vectoriales) están compuestos de líneas y curvas definidas por objetos matemáticos denominados vectores, que describen una imagen de acuerdo con sus características geométricas.

Apertura e importación de imágenes

Puede mover o modificar gráficos vectoriales con libertad sin perder detalle ni claridad porque son independientes de la resolución; mantienen los bordes nítidos cuando se les cambia el tamaño, se imprimen en una impresora PostScript, se guardan en un archivo PDF o se importan en una aplicación de gráficos basada en vectores. Como resultado, los gráficos vectoriales son la mejor opción para ilustraciones, como los logotipos, que se utilizarán en varios tamaños y distintos medios de salida.

Combinación de gráficos vectoriales e imágenes de mapa de bits

Cuando combine gráficos vectoriales con imágenes de mapa de bits en los documentos, es importante recordar que el modo en que se ve la ilustración en pantalla no es siempre el modo en que se verá en el medio final (ya sea una impresión comercial, una impresión de escritorio o una visualización en la Web).

Líneas y puntos de dirección

- Los siguientes factores influyen en la calidad de la ilustración final:

Transparencia Muchos efectos añaden píxeles parcialmente transparentes a las ilustraciones. Cuando una ilustración contiene transparencia, Photoshop lleva a cabo un proceso denominado acoplamiento antes de imprimir o exportar la ilustración. En la mayoría de los casos, el proceso de acoplamiento por defecto produce resultados excelentes. Sin embargo, si la ilustración contiene áreas complejas que se solapan y requiere un resultado de alta calidad, puede ver una previsualización de los efectos del acoplamiento.

Resolución de imagen Número de píxeles por pulgada (ppp) de una imagen de mapa de bits. El uso de una resolución demasiado baja para una imagen impresa produce una pixelación, píxeles de gran tamaño con un aspecto muy desigual en la impresión. Utilizar una resolución demasiado alta (píxeles más pequeños que los que puede producir el dispositivo de salida) aumenta el tamaño del archivo sin mejorar la calidad de la salida impresa y ralentiza la impresión de la ilustración.

Resolución de impresora y frecuencia de trama Número de puntos de tinta por pulgada (ppp) y número de líneas por pulgada (lpp) en una trama de semitonos. La relación entre resolución de imagen, resolución de impresora y frecuencia de trama determina la calidad de detalle de la imagen impresa.

Tamaño y resolución de imágenes

Acerca de las dimensiones en píxeles y la resolución

Las dimensiones en píxeles (tamaño de imagen o altura y anchura) de las imágenes de mapa de bits son una medida del número de píxeles de altura y anchura de la imagen. La resolución es la precisión del detalle en las imágenes de mapa de bits, que se mide en píxeles por pulgada (ppp). Cuantos más píxeles por pulgada, mayor resolución. En general, las imágenes con más resolución producen una calidad de impresión mejor.

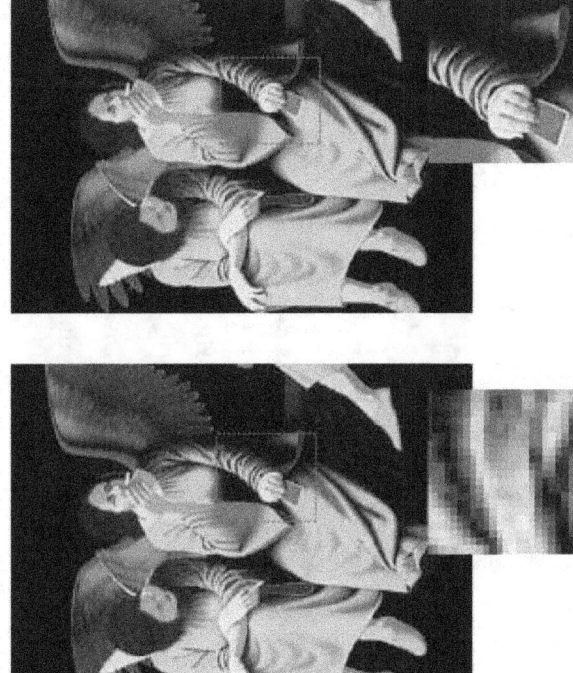

Imagen idéntica con 72 ppp y 300 ppp; obsérvese con el zoom al 200%

En Photoshop, la relación entre el tamaño de la imagen y la resolución se ve en el cuadro de diálogo Tamaño de imagen (elija Imagen > Tamaño de imagen). Anule la selección de Remuestrear la imagen porque no desea alterar la cantidad de datos de imagen de la fotografía. A continuación, cambie la anchura o la altura o bien la resolución. Al modificar uno de los valores, los otros dos varían en consecuencia.

Las dimensiones en píxeles equivalen a la resolución multiplicada por el tamaño (de salida) del documento.

A. Dimensiones y resolución originales

B. Disminuir la resolución sin modificar las dimensiones en píxeles

C. Disminuir la resolución con el mismo tamaño de documento disminuye las dimensiones de los píxeles (remuestreo).

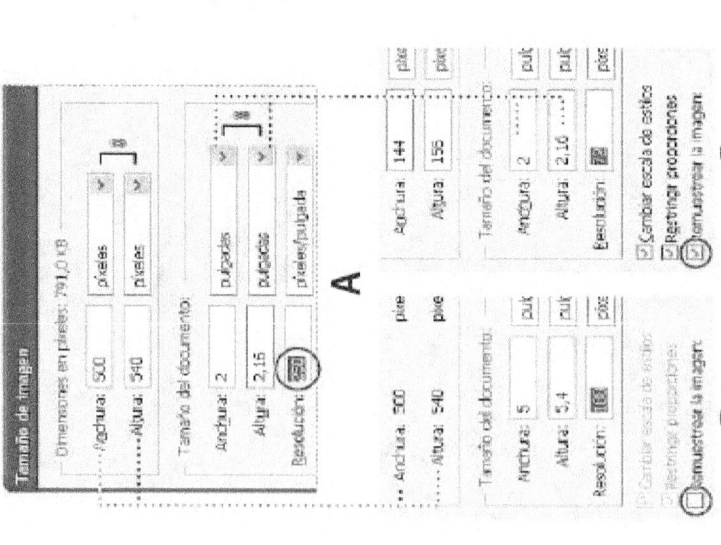

Tamaño de archivo

- El tamaño de archivo de una imagen es el tamaño digital del archivo de imagen calculado en kilobytes (K), megabyte (MB) o gigabytes (GB). El tamaño de archivo es proporcional a las dimensiones en píxeles de la imagen. Las imágenes con más píxeles muestran mejor los detalles a un tamaño de impresión determinado, pero necesitan mayor espacio en disco para su almacenamiento y requieren más tiempo para su edición e impresión. En consecuencia, la resolución de imagen llega a ser un compromiso entre la calidad de la imagen (capturando todos los datos necesarios) y el tamaño de archivo.

Otro factor que afecta al tamaño de archivo es el formato del mismo. En función de los distintos métodos de compresión que se usan en los formatos de archivo GIF, JPEG y PNG, los tamaños de los archivos pueden ser muy distintos aun teniendo las mismas dimensiones en píxeles. De igual manera, la profundidad de los bits de color y la cantidad de capas y canales de una imagen afectan al tamaño de archivo.

Photoshop admite unas dimensiones máximas en píxeles de 300.000 por 300.000 píxeles por imagen. Esta restricción limita el tamaño y la resolución de impresión disponibles para una imagen.

Remuestreo de imágen

- El remuestreo consiste en alterar la cantidad de datos de imagen al cambiar las dimensiones en píxeles o la resolución de la imagen. Al disminuir la resolución (reducir el número de píxeles), se borra información de la imagen. Si aumenta la resolución, (aumenta la cantidad de píxeles), se añaden nuevos píxeles. Especifique un método de interpolación para determinar cuántos píxeles es necesario añadir o eliminar.

Remuestreo de píxeles

A. Disminución de resolución

B. Original

C. Aumento de resolución (píxeles seleccionados mostrados para cada conjunto de imágenes)

Recuerde que el remuestreo puede tener como resultado una imagen de menor calidad. Por ejemplo, si remuestrea una imagen a dimensiones en píxeles más grandes, la imagen pierde algo de detalle y nitidez. Aplicar el filtro Máscara de enfoque a una imagen remuestreada puede ayudar a volver a enfocar los detalles de la imagen.

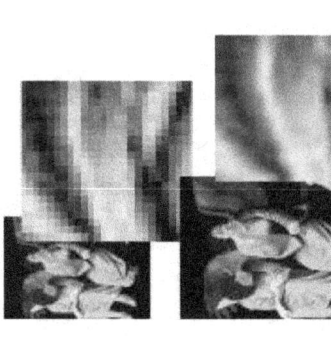
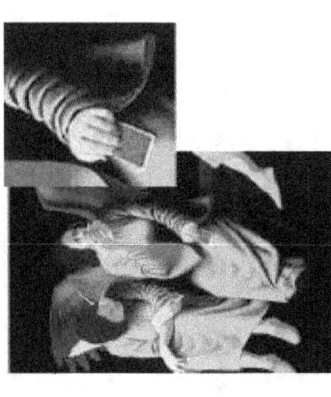

- Photoshop remuestrea las imágenes por medio de un método de interpolación para asignar valores de color a los píxeles nuevos en función de los valores de color de píxeles existentes. El método que se debe usar se selecciona en el cuadro de diálogo Tamaño de imagen.

Por aproximación Un método rápido aunque menos preciso que reproduce los píxeles de una imagen. Este método se utiliza para ilustraciones con bordes que no están suavizados y sirve para conservar bordes marcados y producir un archivo más pequeño. Sin embargo, este método puede producir efectos irregulares, que se hacen aparentes al distorsionar o redimensionar una imagen o al realizar varias manipulaciones en una selección. Bilineal Un método que añade píxeles mediante el cálculo de la media de los valores de color de los píxeles adyacentes. Produce resultados de calidad media.

Bicúbica Un método más preciso aunque más lento basado en un examen de los valores de los píxeles adyacentes. Mediante unos cálculos más complejos, la opción Bicúbica produce graduaciones tonales más suaves que las opciones Por aproximación y Bilineal.

Bicúbica más suavizada Un buen método para ampliar imágenes basado en la interpolación bicúbica pero diseñado para producir resultados más suaves.

Bicúbica más enfocada Un buen método para reducir el tamaño de una imagen basado en la interpolación bicúbica con un enfoque mejorado. Este método mantiene el detalle de una imagen remuestreada. Si la opción Bicúbica más enfocada enfoca en exceso algunas áreas de una imagen, pruebe la opción Bicúbica.

Ajuste de la vista de rango dinámico para imágenes

- El rango dinámico de las imágenes supera las capacidades de pantalla de los monitores de ordenador estándar. Puede que las imágenes abiertas en Photoshop parezcan muy oscuras o descoloridas. Photoshop permite ajustar la previsualización para que el monitor muestre imágenes cuyas sombras e iluminaciones no parezcan descoloridas o demasiado oscuras. Los ajustes de previsualización se almacenan en el archivo de imagen (sólo PSD, PSB y TIFF) y se aplican siempre que el archivo se abra en Photoshop. Estos ajustes no editan el archivo de imagen: toda la información de la imagen permanece intacta. Emplee el ajuste Exposición (Imagen > Ajustes > Exposición) para editar la exposición de la imagen.

Exposición y Gamma Permite ajustar manualmente el brillo y contraste de la imagen.

Compresión de iluminaciones Comprime los valores de iluminaciones de la imagen para que estén dentro del rango de valores de luminancia del archivo de imagen de 8 o 16 bits por canal. No es necesario realizar ningún otro ajuste; se trata de un método automático. Haga clic en OK para convertir la imagen de 32 bits por canal.

Ecualizar histograma Comprime el rango dinámico de la imagen al mismo tiempo que intenta conservar cierto contraste. No es necesario realizar ningún otro ajuste; se trata de un método automático. Haga clic en OK para convertir la imagen de 32 bits por canal.

Adaptación local Ajusta la tonalidad de la imagen mediante el cálculo de la cantidad de corrección necesaria para las áreas de brillo local de toda la imagen.

Curva tonal

- Normalmente, Curva de tonos e histograma permite realizar cambios limitados de punto a punto e intenta ecualizar los cambios en todos los puntos. La curva tonal es una opción básica en Photoshop, la cual nos permite ecualizar los tonos en una imágen, hacerla más brillante o más oscura, resaltar algunas partes o hacerlas más opacas, esta herramienta es básica para la apariencia en una imágen.

Ajuste de Curva de tonos e histograma utilizando la opción Vértice

A. Inserción de un punto y selección de la opción Vértice.

B. Ajustar un nuevo punto vuelve la curva angular en el punto en que se utiliza la opción Vértice.

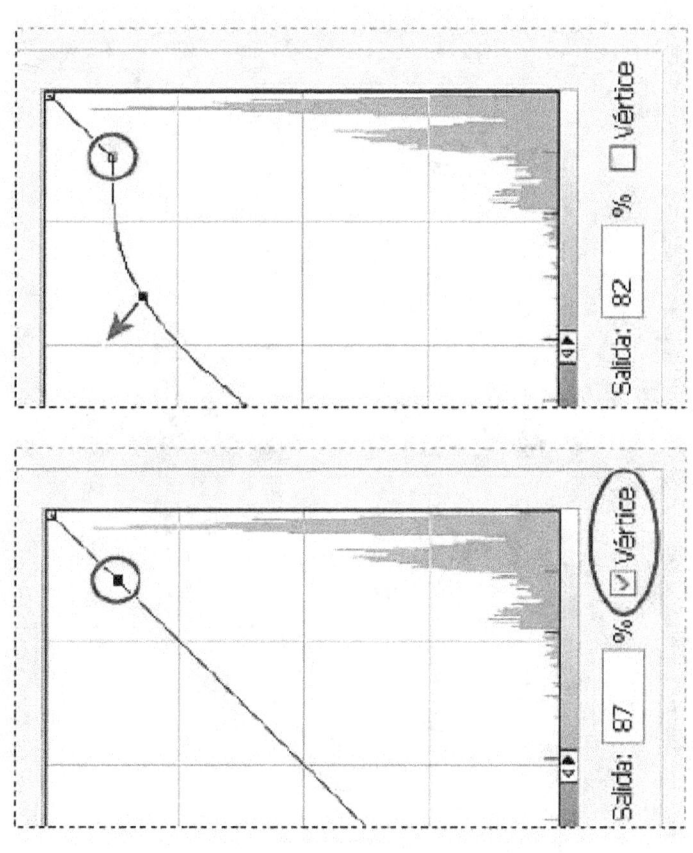

Acerca del Selector de color HDR (Photoshop Extended)

- El Selector de color HDR permite ver y seleccionar con gran precisión colores para su uso en imágenes HDR de 32 bits. Al igual que en el Selector de color de Adobe, para seleccionar un color, debe hacer clic en uno de los campos de color y ajustar el regulador de color. El regulador Intensidad sirve para ajustar el brillo del color de modo que coincida con la intensidad de los colores de la imagen HDR con la que trabaja. En el área de previsualización se presentan muestras del color seleccionado según las distintas exposiciones e intensidades.

Selector de color HDR

A. Área de previsualización

B. Color ajustado

C. Color original

D. Valores de coma flotante de 32 bits E. Regulador Intensidad

F. Color seleccionado

G. Regulador de color

H. Valores de color

Remuestreo de imágen

Photoshop remuestrea las imágenes por medio de un método de interpolación para asignar valores de color a los píxeles nuevos en función de los valores de color de píxeles existentes. El método que se debe usar se selecciona en el cuadro de diálogo Tamaño de imagen.

Por aproximación Un método rápido aunque menos preciso que reproduce los píxeles de una imagen. Este método se utiliza para ilustraciones con bordes que no están suavizados y sirve para conservar bordes marcados y producir un archivo más pequeño. Sin embargo, este método puede producir efectos irregulares, que se hacen aparentes al distorsionar o redimensionar una imagen o al realizar varias manipulaciones en una selección. Bilineal Un método que añade píxeles mediante el cálculo de la media de los valores de color de los píxeles adyacentes. Produce resultados de calidad media.

Bicúbica Un método más preciso aunque más lento basado en un examen de los valores de los píxeles adyacentes. Mediante unos cálculos más complejos, la opción Bicúbica produce graduaciones tonales más suaves que las opciones Por aproximación y Bilineal.

Bicúbica más suavizada Un buen método para ampliar imágenes basado en la interpolación bicúbica pero diseñado para producir resultados más suaves.

Bicúbica más enfocada Un buen método para reducir el tamaño de una imagen basado en la interpolación bicúbica con un enfoque mejorado. Este método mantiene el detalle de una imagen remuestreada. Si la opción Bicúbica más enfocada enfoca en exceso algunas áreas de una imagen, pruebe la opción Bicúbica.

MANUAL DE PHOTOSHOP
Nivel básico

Miguel D'Addario

Segunda edición

CE

2015